Kreta

während

COVID-19

Reiseverlauf

ΛF219399

1. **Gouves**
2. **Top-Strände** Balos und Elafonisi
3. **Krousonas** Kloster Moni Agia Irini
4. **Matala** Hippiehöhlen von Matala
5. **Phaistos** Aussichtsterrasse u. Ausgrabungen
6. **Lasithi** Hochplateau und Zeus Höhle
7. **Agios Nikolaos** Stadt und Strand
8. **Ierapetra** Stadt und Strand
9. **Milona** Wasserfall von Molina
10. **Bramiana** Stausee und Flamingos
11. **Milatos** Höhle und Kirche von Milatos

Autor: Wolfgang Hans Werner Pade

Bibliografische Information der Deutschen Nationalbibliothek:
Die Deutsche Nationalbibliothek verzeichnet diese Publikation
in der Deutschen Nationalbibliografie; detaillierte bibliografische
Daten sind im Internet über http://dnb.dnb.de abrufbar.

Kreta

während

COVID-19

Herstellung und Verlag:

BoD-Books on Demand, Norderstedt

ISBN: 9783752662795

Vorwort

Liebe Leser,

mein Name ist Wolfgang Pade und Reisen ist meine große Leidenschaft, bereits mit vierzehn Jahren reiste ich, mit gleichaltrigen Freunden, allein durch Europa, mit sechzehn waren alle Länder Europas und Nordafrikas mehrfach besucht.

Egal ob mit dem Zug, Bus, Auto, Motorrad, Flugzeug, Schiff, Segelboot oder Kreuzfahrtschiff, ich wollte hinaus in die Welt, um mir diese anzuschauen, es spielte für mich auch keine Rolle ob ich im Zelt, einem fünf Sterne Hotel oder auf einem Segelboot, bzw. Kreuzfahrtschiff nächtigte.

Erleben wie es wo anders auf der Welt zu geht, Landschaften bestaunen, Tiere beobachten und Menschen kennenlernen, so wie deren Gebräuche, Kulturen und Lebensart zu erkunden. Das faszinierte mich schon mein ganzes Leben lang, das war meine Motivation, mein Antrieb, so bereiste ich inzwischen alle Kontinente, viele ferne Länder, mit fremdartigen Kulturen, gänzlich anderen Glaubensrichtungen, anderen Lebenseinstellungen, so wie auch mit deutlich unterschiedlichen, aber interessanten Essgewohnheiten.

Inzwischen bin ich sechsundfünfzig Jahre alt und arbeite als Ingenieur in einem großen Konzern. Seit dem siebenundzwanzigsten Lebensjahr bin ich mit meiner Frau Silvia verheiratet, gemeinsam haben wir zwei Söhne.

Hier wird das Erlebte auf einer Familienreise durch das schöne Kreta, unter dem Vorzeichen von COVID-19 berichtet.

Wir starten die Reise aus unserer schwäbischen Heimatgemeinde Illingen in Württemberg bei Stuttgart. Von Stuttgart fliegen wir nach Heraklion auf die Insel Kreta. Wir übernachten in Gouves im Hotel Aphrodite Beach Club. Wir erleben auf Kreta die Top-Strände in Balos und Elafonisi, die uns in ihrem karibischen Flair zum Schwimmen einladen. Reisen Off-Road zum berühmten Kloster Moni Agia Irini und besichtigen die geschichtsreichen Hippiehöhlen von Matala. Weiter geht es zu den historischen Ausgrabungsstätten Phaistos, wo wir viel über die Geschichte von Kreta erfahren. Danach folgt der Besuch der Aussichtsterrasse von Festos, hier genießen wir eine wunderschöne Aussicht über die Insel. Wir fahren hoch hinauf in das Lasithi Hochplateau u. erfahren alles über dessen interessante geschichtliche Vergangenheit, wandern u. besuchen die Zeus Höhle u. lernen viel darüber. Weiter führt uns die Tour an der Stadt Agios Nikolaos vorbei, dessen schöne Strände wir sehen und fahren nach Ierapetra, um dort etwas über seine südlichen Strände zu erfahren und den Wasserfall von Molina auf Off-Road Wegen zu besuchen. Wir sehen den schönen Stausee mit Flamingos bei Bramiana. Unser letztes Ziel ist die Höhle von Milatos mit ihrer Kirche, dort erfahren wir alles über dessen grausame Vergangenheit. Letztendlich fliegen wir von Heraklion wieder in unsere schwäbische Heimat. Der Reisebericht enthält 120 Farbfotos. Ich hoffe sie haben Interesse bekommen und möchten mein Buch lesen, dazu wünsche ich viel Freude.

Wolfgang Hans Werner Pade

Kreta

während

COVID-19

Meine Familie wollte wieder einmal geschlossen Urlaub machen, dazu planten wir für rund drei Wochen auf die Philippinen zu fliegen, um genau zu sein auf die Insel Palawan. Dort war ich schon einmal vor zwei Jahren und wollte die tolle Insel gern meiner Familie zeigen. Wir reichten alle vier ein Jahr zuvor Urlaub ein, buchten die Flüge und schauten nach den Unterkünften. Alle freuten sich riesig auf den Familienurlaub in so einem interessanten Land. Es war nicht leicht einen guten Termin für alle zu vereinbaren, denn jeder einzelne hatte so seine Verpflichtungen. Aber letztendlich meisterten wir, mit Abstrichen, gemeinsam diese Hürde. Und dann kam die große Enttäuschung ein paar Wochen vor Urlaubsantritt. Weil die Philippinen die Einreise für Ausländer wegen dem Infektionsvirus COVID-19 verboten haben. So ein Mist, nun hieß es, alle Flüge und Hotels stornieren und ein neues Urlaubsziel suchen. Das fiel allen sehr schwer, zumal die Vorfreude schon so groß war. Aber es half alles nichts, da mussten wir nun durch.

Es kostete der Familie viel Kraft und Überwindung diese gründlich geplante Reise mit vier Personen zu canceln.

Wo sollten wir nun so kurzfristig hin, eine Fernreise war zu diesem Zeitpunkt nicht mehr denkbar, weil wir vielleicht das gleiche Schicksal nochmals durchleben müssten. Unseren Kindern fiel spontan Spanien, Süditalien, die Türkei, Griechenland und Ägypten ein, das sind die klassischen Urlaubsländer der Deutschen, die schnell und problemlos gebucht werden können. Wir beobachteten den Touristen-markt und es spitzte sich die Lage weiter dramatisch zu. Denn es wurden nur noch Reisen innerhalb von Europa von der Bundesrepublik Deutschland empfohlen. Nun fielen Ägypten und die Türkei, bei denen noch einigermaßen warmes Wetter zum Spätsommer zu finden ist, auch aus. Es blieben nur noch Spanien, Süditalien und Griechenland übrig. Die Kinder suchten verzweifelt gute Angebote über Spanien und Süditalien, dann entschied der Familienrat erneut und wir wollten am nächsten Tag fest buchen. Da platzte am nächsten Morgen erneut eine Bombe, den Italien und Spanien wurden von der Bundesrepublik Deutschland nun auch zum Risikogebiet wegen COVID-19 erklärt. Ich bin ja glücklicherweise ein Griechenlandfan und war nicht allzu traurig, dass jetzt nur noch Griechenland möglich war. Am gleichen Vormittag suchten Kevin und Silvia ein gutes vier Sterne Hotel für eine Pauschalreise auf Kreta, denn es ist Ende September noch die wettertechnisch sicherste Gegend in Europa, bzw. das was noch ohne Risiko bereist werden kann. Silvia entschied sich letztendlich für das Hotel "Aphrodite Beach Club" auf der Nordseite von Kreta, nur ein paar Kilometer rechts von Heraklion, im Ort Couves. Wir buchten über ein kleines Reisebüro in Mühlacker, weil wir die Gefahr sahen, dass eventuell wieder die Reise storniert oder umgebucht werden muss. Zudem kommt erschwerend hinzu, dass der PLF-Code / Formular beantragt werden muss.

Bei Einreise nach Griechenland ohne diesen PLF-Code kostet das eine Strafe von fünfhundert Euro pro Person. Das macht bei vier Personen genau zweitausend Euro aus. Diesem Risiko wollten wir uns nicht aussetzten und deshalb buchten wir nicht online, sondern über ein Reisebüro. PLF heißt ausgesprochen Passenger-Locator-Formular u. ist für die Ankunft in Griechenland zwingend wegen COVID-19 erforderlich. Was bedeutet das ganz genau? Gemäß eines Beschlusses der griechischen Regierung ist jeder Passagier verpflichtet, sich für Reisen nach Griechenland, spätestens am Vortag der Ankunft sich online zu registrieren. Diese Registrierung ist für die Anreise zu allen griechischen Flughäfen zwingend erforderlich. Wurde das PLF nicht ausgefüllt und ein Code kann nicht vorgezeigt werden, so ist die Verhängung einer Geldstrafe, wie oben genannt, seitens der griechischen Behörden möglich. Passagiere erhalten einen QR-Code, der vom griechischen Zivilschutz bei der Ankunft zur Identifizierung von stichprobenartigen Covid-19-Tests verwendet wird. Die Passagiere müssen den QR-Code bei der Ankunft in elektronischer oder gedruckter Form bereithalten und den Behörden vorweisen können. Falls ein Fluggast das PLF nicht ausfüllt und weder einen Nachweis über das PLF noch den QR-Code hat, wird die Beförderung verweigert. Nach der Ankunft in Griechenland ist folgendes zwingend zu beachten. Alle ankommenden Passagiere internationaler Flüge werden vom griechischen Zivilschutzpersonal in vordefinierten Bereichen bei der Ankunft auf jedem Flughafen gemäß ihrem QR-Code kontrolliert und stichprobenartig einem COVID-19-Test unterzogen. Wenn COVID-19-Tests positiv ausfallen, informiert der griechische Gesundheitsdienst die Passagiere und weist sie an, eine überwachte vierzehntägige Quarantäne einzuhalten. Nach den Stichprobenkontrollen steht es den Passagieren frei, zu ihrem endgültigen Bestimmungsort oder Wohnort zu reisen.

Passagiere auf internationalen Flügen mit innergriechischen Anschlussflügen werden stichprobenartig COVID-19-Test, gemäß QR-Code, unterzogen und begeben sich anschließend zur Sicherheitskontrolle und dem Abfluggate ihres Anschlussfluges. Am Zielort sind die Passagiere verpflichtet sich bis zum Vorliegen des Testergebnisses in Selbstisolation zu begeben. Sollte sich der Fluggast aufgrund des Testverfahrens verspäten und infolgedessen den nächsten Anschlussflug nicht rechtzeitig erreichen, wird der Fluggast automatisch auf den nächsten verfügbaren Flug zum Zielort umgebucht. Fluggäste mit internationalem Anschlussflug durchlaufen weder den COVID-19-Test, noch müssen sie das PLF ausfüllen und begeben sich direkt zur Sicherheitskontrolle und weiter zu ihrem Abfluggate. Geldbußen werden bei Passagieren erhoben, welche nicht im Besitz eines gültigen QR- Codes sind. Die Passagiere werden gebeten, bis zur Veröffentlichung der COVID-19-Testergebnisse in ihrem vorläufigen Hotel bzw. ihrer Adresse zu bleiben. Ja, das sind die Bedingungen / Voraussetzungen um unter COVID-19 in Griechenland Ende September zweitausendzwanzig Urlaub zu machen.

Das kleine Reisebüro in Mühlacker teilte uns nach der Buchung mit, dass sie vorab die Personalpässe benötigt um den QR-Code zu beantragen. Selbstverständlich scannten wir umgehend von uns vier die Personalausweise ein und sendeten diese der netten Frau des kleinen Reisebüros in Mühlacker zu. Zusätzlich mit dem Hinweis, dass Robin seinen Hauptwohnsitz in Karlsruhe hat, so wie es im Personalausweis auch eingetragen ist. Sie bedankte sich und bestätigte uns die wichtige Zusatzinfo. Denn wenn irgendetwas falsch im Antrag für den QR-Code enthalten ist, dann wird die gleiche Strafe fällig, wie wenn kein QR-Code vorhanden ist. Unter diesen enormen Anforderungen und den dadurch evtl. anfallenden Kosten betrachteten / prüften wir alle Unterlagen Richtung QR-Code.

Ein paar Tage später kam eine weitere E-Mail vom
kleinen Reisebüro in Mühlacker, mit der Aufforderung,
die gesendeten vier Anträge unter dem Pfad zu prüfen.
Wir bekamen die E-Mails aber nicht und tel. deshalb
mit der freundlichen Frau des Reisebüros. Nach ein
paar Versuchen waren die E-Mails alle bei uns, wir
konnten den Pfad in diesen E-Mails zwar öffnen, aber es
erschien nur eine weiße Seite ohne Inhalt. Damit war eine
Prüfung ausgeschlossen. Dann probierten wir verschiedene
Notebooks mit unterschiedlichen Ständen aus. Selbst mit
dem allerneusten Notebook, das gerade mal drei Monate
alt war funktionierte es nicht, immer das gleiche Ergebnis.
Wir telefonierten und probierten unter Anweisung des
Reisebüros stundenlang alles aus, es half nichts, kein Erfolg.
Drauf hin schlug ich vor, sie soll nun keine Hektik machen,
ich versuche das in Ruhe noch einmal alleine und melde
mich morgen bei ihr. Ich öffnete mit einem anderen
Software Programm die E-Mail mit dem Pfad und sofort
konnte ich alle unsere Daten darin lesen. Wir prüften die
Daten u. stellten fest, dass ich zweimal registriert bin u. Robin
komplett fehlte. Wir tel. wieder mit der freundlichen Frau
des kleinen Reisebüros in Mühlacker. Sie war ganz glücklich,
dass ich eine Möglichkeit gefunden hatte die Daten zu lesen
und für Robin wollte sie gleich das Formular neu erstellen.
Dreißig Minuten später kam der Antrag für Robin, leider
war die Adresse von uns enthalten und nicht der Hauptwohnsitz von Robin und der Name Robin stand klein
geschrieben im Formular. Wir telefonierten erneut und sie
entschuldigte sich für den falschen Eintrag im Formular.
Sie versprach dies sofort alles richtig zu stellen. Eine Stunde
später kam wieder der neue Antrag, den wir sofort prüften.
Leider war der Name Robin immer noch klein geschrieben.
Wir telefonierten erneut und nun war sie großzügig und
meinte zu uns, das wird akzeptiert. Wir erzählten ihr, dass laut
der Presse für Schreibfehler auch fünfhundert Euro fällig waren.

Daraufhin meinte die freundliche Frau des kleinen Reisebüros in Mühlacker, dann sollen die Behörden sich bei ihr melden, sie wird die Schuld auf sich nehmen. Beklagte sich noch bei uns über die schlechten Vorbereitungen der Vorgänge bezüglich des QR-Codes-Formular von / für Griechenland. Sie wies uns nochmals darauf hin, dass wir in der Nacht um vierundzwanzig Uhr vor der Anreise den QR-Code auf unser Notebook gesendet bekommen, diesen müssen wir dann ausdrucken und unbedingt mitnehmen. Falls wir das vergessen kostet es uns viel Geld. Wenn es nicht klappt, sofort bei ihr melden, dann versucht sie es für uns. Da wir erst um sechzehn Uhr und fünfzehn Minuten ab Stuttgart fliegen, könnten wir zur Not am Sonntag früh den QR-Code noch von ihr also ihrem Büro in Mühlacker abholen. Das beruhigte uns ein wenig, trotzdem litt Silvia enorm unter diesem Druck und machte alle in der Familie wuschelig.

Natürlich packte Silvia ihren Koffer schon eineinhalb Wochen vor dem Flugtermin. Mit der Begründung, sonst schafft sie es nicht mehr rechtzeitig. Setzte mich und die Söhne unter Druck, nun doch endlich auch unsere Koffer zu packen. In der Zwischenzeit las Silvia alle Bewertungen des Hotels, die sie nur finden konnte. Dann erschienen ein paar sehr negative Kundenbewertungen im Netz. Wir versuchten sie zu beruhigen, nach dem Motto, das immer mal ein paar Nörgler unterwegs sind, aber die tausenden Bewertungen im Mittel doch sehr gut sind. Das interessierte Silvia leider nicht, da kam ihr Sturkopf und die Panik durch, irgendetwas falsch zu machen und fünfzehn Tage in einem beschissenen Hotel zu sitzen. Sofort wurde das kleine Reisebüro in Mühlacker angerufen, denn Silvia wollte unbedingt umbuchen, auch wenn der Rest der Familie dies nicht so sah. Es wurde recherchiert, andere Hotels gesucht, usw., aber es sah mit vier Personen und zwei Doppel-zimmer so kurzfristig schlecht aus. Die freundliche Frau des kleinen Reisebüros in Mühlacker schrieb an das Hotel, dass sie uns doch das beste zur Verfügung stehende Zimmer geben sollen. Ein paar Stunden später erhielten wir die Antwort des Hotels, mit der Aussage, dass sie dies gern tun wollen. Ein Tag später kamen glücklicherweise wieder sehr gute Kundenbewertungen ins Netzt, dadurch beruhigte sich Silvia wieder ein wenig. Dafür bereitete sie wieder Panik, weil unsere Koffer immer noch nicht gepackt sind und der QR-Code bestimmt auch nicht funktioniert.

Letztendlich packte ich ein paar Tage vor Abflug meinen Koffer in dreißig Minuten und Robin am Abend vor der Abreise, Kevin am Vormittag bevor wir mit dem Zug zum Flug starteten. Ich wollte eigentlich nicht in der Nacht aufstehen um den QR-Code zu drucken. Aber Silvia machte so einen Stress, dass ich um Mitternacht aufgestanden bin und den QR-Code aller ausdruckte, was glücklicherweise problemlos funktionierte. Zur Sicherheit sendete ich die QR-Codes aller Mitreisenden auch noch an Silvias und Robins Handy. So waren wir ganz sicher, dass nichts mehr bezüglich diesem QR-Code schief gehen konnte. Rechtzeitig fuhr ich mit dem Auto, Silvia und Kevin mit allen Koffern, zum Illinger Bahnhof. Ich fuhr das Auto wieder nachhause, um mit Robin zu Fuß zum Bahnhof zu laufen. Der Zug fuhr pünktlich um zehnuhrfünfunddreißig in den Illinger Bahnhof ein und Silvia war ein klein wenig erleichtert. Denn sie hat immer Angst den Flieger zu verpassen, deshalb sind wir auch schon um zwölfuhrzwölf am Flughafen, obwohl das Flugzeug erst um sechzehn Uhr und fünfzehn Minuten ab Stuttgart fliegt. Nun hatten wir über vier Stunden Wartezeit vor uns. Weil wir im Flughafen nicht so lange mit dem Mund-Nase-Schutz umherlaufen wollten, setzten wir uns ins Freie auf die Terrasse des Flughafens. Üblicherweise ist es dort sehr abwechslungsreich, weil ständig Flugzeuge beim Start und der Landung zu beobachten sind.

Nur in Zeiten von COVID-19, mit dem stark eingeschränkten
Luftverkehr, war hier nicht viel zu sehen. Weil das Bier in
den Flughafenrestaurants extrem teuer war, liefen wir in den
Supermarkt des Flughafens und kauften dort jedem eine Liter
Dose Bier. Denn Silvia hat ganz klar angewiesen, es gibt nur
eine Dose Bier pro Person. Als wir freudig zurück kamen und
Silvia ihre Dose Bier übergaben, fragte sie uns, ob wir nun
ganz verrückt sind. Kevin meinte grinsend, wieso, genau eine
Dose Bier für jeden, wie befohlen. Silvia schüttelte den Kopf
und meinte, das schaffe ich nicht, den Rest könnt ihr trinken.
Wir packten unsere mitgebrachten Landjäger und die frischen
Brötchen aus und vesperten zu dem kühlen Bier unsere
Brotzeit. Danach noch ein wenig Obst, Müsliriegel und
Schokolade und schon war der Tag dein Freund. Die
Stimmung stieg und wir alberten ein wenig rum, bis wir zum
Abflugterminal liefen um einzuchecken. Ich sammelte von
allen die Pässe ein und bekam unsere Tickets, mit Plätzen in
den vordersten Reihen des Flugzeugs. Die Frau am Ticket-
schalter fragte, ob wir den QR-Code dabei hätten. Ich sagte
ja und zeigte ihr gebündelt die vier mitgebrachten Blätter,
die uns so viel Ärger und Aufregung beschert hatten.
Sie schaute kein einziges Blatt an u. bedankte sich freundlich.
Silvia war enttäuscht, denn sie erwartete eine hundert-
prozentige Kontrolle jedes einzelnen QR-Codes. Sie meinte
ein paar Meter weiter, dafür nun der ganze Stress ! Die weitere
Anreise verlief ganz normal, nur dass wir eben immer den
Mund-Nase-Schutz im Flughafen und im Flugzeug tragen
mussten. Das Flugzeug startete ganz pünktlich in Stuttgart
und landete ebenso pünktlich in Heraklion. Aber das ist auch
kein Wunder, bei dem geringen Flugverkehr wegen COVID-19.
Das Wetter auf Kreta war hervorragend und sehr warm,
trotz der späten Abendzeit und des Monats Ende September.
Die gesamte Anreise erfolgte wie üblich, Transfer mit dem Bus,
einchecken im Hotel, eben nur alles mit Mund-Nase-Schutz.

Das Flugzeug und unser gebuchtes "Hotel Aphrodite Beach Club" waren zu hundert Prozent ausgebucht. Ich hatte den Eindruck Griechenland profitiert von der aktuellen Situation wegen dem COVID-19 und weil das Land kein Risikogebiet ist.

Wir hatten Glück und bekamen beim Einchecken in das Hotel die besten zwei Doppelzimmer mit Privatpool, obwohl wir das nicht gebucht hatten. Dies freute Silvia ungemein. Das Hotel bietet einiges für seine Gäste. Es gibt einen großen Süß- wasserpool mit Poolbar, die zugänglich von Land und mit Sitzplätzen, an der Bar, im Wasser ausgestattet ist. Des Weiteren stellt das Hotel einen großen Salzwasserpool für die Schwimmer zur Verfügung, der auch über eine eigene Bar verfügt. Der separate und ebenfalls große Süßwasserpool für die ganz kleinen Gäste ist sehr schön ausgestattet. Alle Pool- anlagen machen auf uns einen hervorragenden und sauberen Eindruck. Die schönen, neuen und massiven Holzliegen mit sehr weichen und dicken Auflagen sind ganz besonders zu empfehlen. Eine weitere schöne Bar, nämlich die Strandbar, gibt es noch im Hotel vor dem privaten Hotelstrand, der durch eine relativ unbefahrenen Uferstraße vom Hotel getrennt ist. Es gibt auch ein Hallenbad und einen großen Whirlpool, der aber wegen COVID-19 gesperrt ist. Die Anlage besteht im Wesentlichen aus einem vierstöckigen Hauptgebäude und einem länglichen zweistöckigen Neubau mit Privatpools. Alles ist sehr schön gestaltet, u.a. mit viel Holz, Glas und sehr akkuraten Natursteinmauern, natürlich findet man in der Anlage auch überall schöne Palmen. Es gibt kostenfreies WLAN, einen Fitnessraum, Wellness-Center, Tennisplatz, Fußballplatz, Bocciaplatz, einen kostenfreien Parkplatz und jede Menge Aufenthaltsräume mit großen Fernsehern. Der Restaurantbereich besteht im Wesentlichen aus einem Innenrestaurant mit Buffet, Thekenbereich, Sitzplätzen, so wie drei großzügige überdachte Außenbereiche, teilweise mit sehr schönem Blick zum Meer.

Der Empfang, so wie die Zimmer sind großzügig und modern eingerichtet, die Betten sind groß und bequem, die Klimaanlage funktioniert einwandfrei. Das Zimmer enthält noch ein Sofa, Schreibtisch, Stuhl, Flachbildschirmfernseher, Kühlschrank, so wie Zubehör für die Tee u. Kaffeezubereitung. Auf der Terrasse werden bequeme Liegestühle und ein Tisch am Privatpool bereit gestellt. Das Badezimmer ist in der Farbe weiß gehalten und ebenfalls sehr neu und modern ausgestattet. Der Service funktioniert schnell, zuverlässig, unauffällig und gründlich. Das Restaurant bietet All-Inklusive und verwöhnt seine Gäste mit internationalen und griechischen Spezialitäten. Das Essen war abwechslungsreich und schmackhaft, wir genossen die guten Speisen und nahmen ordentlich an Gewicht zu. Die Getränke waren o.k., es gab Rot-, Weiß- und Rosewein, Bier vom Fass und die üblichen Softgetränke im Restaurant. Besonders lobenswert war für uns der frisch gepresste Orangensaft aus frischen Früchten. Natürlich zum Frühstück, Kaffee, Milch, Cappuccino, Latte Macchiato, usw.. An den Bars natürlich noch Cocktails und weitere Spirituosen. Immer wenn man sich im Hotel und dessen Anlage bewegte, musste ein Mund-Nase-Schutz getragen werden, nur auf der Liege, beim Schwimmen und beim Essen blieb er weg. Im Restaurant wurde hinter Plexiglasscheiben das Essen nach Wunsch des Gastes auf den Teller gefüllt und dort wo man sich noch selber etwas nehmen konnte, musste immer ein Einweghandschuh angezogen werden. Überall standen Desinfektionsspender in der Anlage. Aus unserer Sicht funktionierte das Hygienekonzept sehr gut, es machten auch alle bereitwillig und anstandslos mit. Manchmal kam es vor, dass jemand erst nach ein paar Meter bemerkte ohne Mund-Nase-Schutz unterwegs zu sein, aber sofort wurde dies eigenständig und persönlich korrigiert. Es funktionierte gut.

Das Personal, insbesondere der Restaurantchef, der Mann an der Strandbar und die Frau an der Süßwasserbar waren extrem hilfsbereit und freundlich. Alles in allem können wir nur sagen, weiter so. Der Hotelstrand lag in einer kleinen Bucht, die durch einen aufgeschütteten Steindamm vom Meer geschützt wurde, so konnten an dem flachen Sandstrand bei jedem Wetter die Gäste ins Meerwasser, weil es nie hohe Wellen gab. Wer allerdings große und noch schönere Sandstrände mag, die direkt vom Meer mit Wasser und Wellen umspült werden, der sollte ein paar Meter an der Marina vorbei laufen, zum frei zugänglichen Sandstrand. Dort gibt es Liegen und Sonnenschirme, im Set mit zwei Liegen und einem Schirm für fünf Euro pro Tag. Was meiner Meinung nach ein sehr günstiger Preis ist. Auf dem Weg zum öffentlichen Strand oder dem Hotelstrand kommt man unweigerlich an der Hotelstrandbar vorbei, dort unbedingt noch etwas trinken und / oder mitnehmen.

Nach dem Einchecken forderte man uns auf, die Koffer stehen zu lassen und gleich in das Restaurant zu gehen , um dort noch etwas essen zu können. Dieser Aufforderung folgten wir gerne. Wir saßen noch nicht ganz am Tisch im Restaurant, da kam schon der Restaurantchef mit frischem Bier für jeden. Das lief mal richtig flott. So ein frisch gezapftes Bier schmeckt nach einer Anreise mit Mund-Nase-Schutz natürlich besonders gut.

Wir lebten uns ein paar Tage ein und genossen das Ambiente des Hotels und das hervorragende Wetter, denn wir hatten täglich zwischen achtundzwanzig bis maximal zweiunddreißig Grad im Schatten. Das Meer war auch noch angenehm warm mit seinen konstanten sechsundzwanzig Grad. Der Himmel war meistens wolkenfrei mit vereinzelten vorbeiziehenden Schönwetterwolken.

Dann rafften wir uns auf und erkundeten den Ort Gouves
ein wenig. Das Hauptaugenmerk lag darauf einen günstigen
Mietwagen zu mieten, mit dem wir die Insel anschauen können.

Wie schon gesagt, liegt Gouves im Nordosten von Kreta,
rund achtzehn Kilometer östlich der Inselhauptstadt Heraklion.
Gouves besitzt eine gut ausgebaute touristische Infrastruktur,
am Strand befinden sich mehrere hochwertige vier und fünf
Sterne Hotels. Aber auch ein paar einfachere Hotels, so wie
die üblichen Eisdielen, Restaurants, Bars und Souvenirshops.
Gegenüber dem Küstenort Gouves befindet sich die kahle und
kleine vorgelagerte Insel Dia, die per Bootsausflug besucht
werden kann. Hinter dem flachen Küstenort folgt das
eigentliche Dorf Ano Gouves, es liegt etwa zwei Kilometer
landeinwärts. Kato Gouves hat einen endlos erscheinenden
Sandstrand, es ist ein Badeparadies für Pauschaltouristen,
leider gibt es keine gewachsene Ortsstruktur, oder gar einen
alten Ortskern. Wer seinen Schwerpunkt im Urlaub auf
Sandstrand und etwas Unterhaltung legt, der ist in Gouves
genau richtig. Weil die schönen Strände unweit der Hauptstadt
liegen, besuchen dessen Bewohner am Wochenende diese
Badeparadiese ebenfalls. Unweit von Gouves, nämlich in
Gourna befindet sich das "Creta-Aquarium"/ "Thalassocosmos",
dort kann in zweiunddreißig Becken die Unterwasserwelt des
Mittelmeeres betrachtet werden. Die Becken der Anlage
entsprechen dem natürlichen Lebensräum der Meeresbewohner.
Es ist das größte Aqua-Museum im Mittelmeerraum und
umfasst rund hundertsechzigtausend Liter Meerwasser mit
über viertausend tierischen Bewohnern des Mittelmeeres.
Im Aqua Museum ist auch ein Teil des Forschungszentrums
für Meeresforschung "Thalassocosmos" untergebracht. Der
Ort Gouves ist umgeben von minoischen Ausgrabungsstätten.
Hierbei ist von besonderem Interesse das Megaron von
Nirou, dies ist ein großes Herrenhaus mit vierzig Räumen.

Beim Verleih gegenüber des Hotels schlossen wir schließlich den Vertrag für fünfundzwanzig Euro pro Tag mit Vollkasko, ohne Selbstbeteiligung, für einen viertürigen Kleinwagen ab. Wir mieteten für drei Tage einen Mietwagen, immer im Abstand von zwei Tagen Aufenthalt im Hotel, damit wir Abwechslung haben und uns zwischendurch etwas ausruhen können. Zu jeder Tour bestellten wir am Vortag das Lunchpaket vom Hotel, das ausgesprochen gut und großzügig bestückt wurde.

Robin kaufte sich ein Tourenbuch über die Insel Kreta und wir beschlossen, jeder darf sich eine Tagestour daraus zusammenstellen. Ich verzichtete zugunsten der Allgemeinheit. Es war interessant zu sehen wie viel Energie Robin und Silvia dort hinein steckten, um die möglichst beste Tour zu finden. Kevin war sofort ohne Tourenbuch klar, er will die besten Strände der Insel sehen, diese waren zweifelslos der Top-Strand von Balos, gefolgt von Elafonisi. Wir diskutierten lange, ob es wirklich sinnvoll ist, von Gouves aus beide Strände an einem Tag zu besuchen, denn dies ist eine Strecke von über fünfhundert Kilometer. Kevin bestand aber darauf, weil er seinen Freunden dies schon berichtet hatte und nun nicht mehr anders konnte, denn er wollte sein Gesicht nicht verlieren.
Abends holten wir wie besprochen das Auto um zwanzig Uhr vom Autoverleih ab und fuhren zum Hotel, stellten aber fest, dass das Gebläse und die Klimaanlage nicht funktionierten. Also sofort wieder zurück und reklamiert. Die Besitzerin des Autoverleihs prüfte selber die Klimaanlage und das Gebläse, musste uns leider recht geben, auch wenn es ihr schwer fiel. Wir sollten um Punkt einundzwanzig Uhr wieder da sein, dann ist alles repariert, ist wohl nur eine Kleinigkeit. Gut, wir standen Punkt einundzwanzig Uhr wieder bereit zur Abholung des Mietautos. Sahen wie der Mechaniker die Konsole demontiert hatte u. der Schweiß auf der Stirn stand.

Ich fragte dann, das wird doch heute nichts mehr, oder ?
Die Chefin meinte, kommen sie bitte um zweiundzwanzig Uhr,
dann ist alles repariert und das Auto wieder gereinigt. Etwas
bedrückt liefen wir wieder zurück ins Hotel, das nur ein paar
Minuten entfernt lag. Neuer Anlauf um zweiundzwanzig Uhr,
der Mechaniker arbeitete immer noch am Fehler. Die Chefin
meinte, bitte warten sie ein paar Minuten, es ist gleich fertig.
Ich fragte sie, das war doch keine Kleinigkeit, funktioniert
diese Reparatur denn für den ganzen Tag, oder fällt die Klimaanlage womöglich gleich wieder aus ? Etwas säuerlich meinte
sie zu mir, unser Mechaniker hat das repariert und das hält bis
das Auto verschrottet wird. Ich wollte keinen Streit an diesem
Abend und prüfte die Klimaanlage und fuhr zum kostenfreien
Hotelparkplatz, der sich innerhalb des Hotelgeländes befand.
Stellte das Auto dort ab und begab mich zur Bettruhe und
versuchte gleich zu schlafen, denn der morgige Tag wird lang.
Gut ausgeruht starteten wir am nächsten Morgen um sieben
Uhr unsere Tagestour, nachdem wir zuvor gut gefrühstückt
hatten. Badesachen und Lunchpaket eingepackt, so wie etwas
Geld, die Visakarte und das Tourenbuch mit der Landkarte.
Robin fuhr die ganze Strecke hin und ich zurück. Silvia und
Kevin saßen im Heck des Kleinwagens und schon starteten wir.

Wir fuhren aus dem Ort Gouves auf die Schnellstraße 90, die
auf der Nordseite parallel der Küste von Kreta bis fast zu
unserem ersten Ziel Richtung Heraklion, Rethymno, Chania,
bis Kissamos entlang führt. Nach einer guten viertel Stunde
knallt es bei uns im Auto und Kevin öffnete seine erste Dose
Bier an diesem Tag. Am Strand von Georgioupoli machen wir
den ersten Stopp und vertreten uns ein wenig die Beine. Auf
dem einfachen Sandparkplatz parken auch ein paar Griechen,
die ihre Schafe auf ihren Pickups transportieren, das ganze
sogar zweistöckig. Wir laufen über die Dünen, die mit
Dünen-Trichternarzissen, auch "Pancratium maritimum"
genannt, bestückt sind und wunderschön in Weiß blühen.

Diese weiße Dünen-Trichternarzisse gehört zur Familie der Amaryllisgewächse der Gattung Trichternarzissen, mit dem wissenschaftlichen Namen Pancratium. Diese Pflanze wächst im gesamten Mittelmeerraum, so wie hier auf Kreta zwischen und auf den Dünen, in unmittelbarer Nähe zum Meer. Die Dünen-Trichternarzisse wächst als ausdauernde, krautige Pflanze und kann Wuchshöhen bis zu fünfundsiebzig Zentimeter erreichen. Als Geophyt bildet sie eine tief sitzende Zwiebel, die einen üblichen Durchmesser zwischen fünf und sieben Zentimeter aufweist. Die fünf bis sechs grundständigen, in Form einer flachen Spirale angeordneten Laubblätter erscheinen erst nach der Blüte. Diese einfachen grau-grünen Laubblätter wachsen riemenförmig und erreichen eine Länge bis zu fünfundsiebzig Zentimeter, dabei sind sie nur ein bis zwei Zentimeter breit. Die Blüte ist schneeweiß und nach der Befruchtung wachsen mehrere knollenartige grüne Samenkapseln. Diese Kapseln vertrocknen, platzen auf und geben ihre Samen dem Wind frei. Wir laufen weiter an den schönen flachen Sandstrand, der weit vor Georgioupoli liegt.

Mit vierzehn Jahren war ich das erste Mal mit dem Zug und der Fähre von Illingen nach Georgioupoli angereist, um hier mit zwei Freunden zwei Wochen Urlaub im Zelt zu verbringen. Es war damals schon eine sehr abenteuerliche Reise, die wir als Minderjährige ganz alleine angetreten sind.

Wir laufen den Schildkrötenstrand entlang und genießen die herrliche Aussicht auf die Landschaft u. das schöne blaue Meer. Dann wieder zurück zum Auto und weiter geht die Fahrt entlang der Schnellstraße 90. Es zischt wieder im Auto und Kevin zaubert aus seinem Rucksack das zweite Bier. Diesmal spendiert er eine Rund Dosenbier für alle, bis auf den Fahrer natürlich. Ich durfte auch eins trinken, ich fahre erst am Spätnachmittag mit dem Auto wieder zurück und bis dahin ist der Alkohol wieder aus dem Körper.

Nach weit über drei Stunden erreichen wir die Ortschaft
Kissamos und müssen demnächst die gut ausgebaute
Schnellstraße 90 verlassen, um auf den kleinen Straßen
die Halbinsel Richtung Agnion Tigani zu fahren. Dafür
müssen wir uns einfach immer nur rechts am Meer entlang
hangeln. Die Straßen wurden immer kleiner und wir wurden
uns immer unsicherer, ob wir noch auf dem richtigen Weg
sind. Silvia fing an alle nervös zu machen und Kevin wurde
immer ruhiger im Auto. Mir machte das glücklicherweise
nichts aus, schon allein deshalb, weil es nicht mein Auto ist.
Robin musste sich zwangsläufig auf die Strecke konzentrieren.
Die Zweifel des falschen Weges wurden immer größer, weil
die Straße nur noch einspurig war und Silvia Angst hatte,
wenn ein Auto entgegen kommt, was wir dann tun sollen.
Kaum ausgesprochen, trat der Fall schon ein. Silvia
explodierte vor lauter Panik im Auto und fluchte und
schimpfte mit allen über alles was diese Fahrt betraf.
Dabei war es ganz einfach auszuweichen, wir fuhren von
der Straße, hielten neben der Straße und schon war alles klar.
Unser lilafarbener Kleinwagen hatte eine sehr geringe
Bodenfreiheit, deshalb musste Robin aufpassen, dass
das Auto nicht aufsitzt und wir am Ende zurück laufen
müssen. Dann endete die Teerstraße und nach der
Landkarte hatten wir noch gute zehn Kilometer bis zum
Parkplatz des Strandes von Balos. Es wurde ganz ruhig im
Auto, denn alle wussten was jetzt kommt. Silvia fluchte
erneut was das Zeug hielt und war sich ganz sicher, dass
wir auf dem falschen Weg unterwegs sind. Denn zu so
einem bekannten Strand führt sicherlich eine geteerte
Straße hin, so war ihr verzweifeltes Argument. Auf unserer
Landkarte war diese Straße mit der niedrigsten Kategorie
eingetragen, was das auch immer heißt. Im Tourenbuch stand
auch, dass die letzten Kilometer auf unbefestigten Weg zu
fahren sind. Wir stoppten, diskutierten, dann ging es weiter.

Die unbefestigte Straße entpuppte sich als groben Schotterweg mit vielen losen Steinen und Spurrillen auf der Strecke. Denn eine Straße war das nicht mehr. Die Steine knallten gegen das Bodenblech und wir setzten immer wieder mal mit dem Auto auf. Wir konnten nur hoffen, dass nicht die Bremsschläuche oder die Ölwanne des kleinen Autos kaputt geschlagen wird. Dann führte der Weg auch noch steil hinauf, auf der rechten Seite war der felsige und steile Abgrund. Silvia schrie im Auto was ihre Stimme hergab und Kevin, der Höhenangst hat wurde käseweiß und ganz still. Robin konzentrierte sich weiter auf die Fahrt und ich half ihm das Auto in die richtige Richtung, mit möglichst wenigen Steinschlägen und Aufsetzern zu lenken. Wir hatten schon ordentlich Höhe erreicht, als uns ein Auto entgegen kam, Silvia wollte aussteigen, weil sie befürchtete wir stürzen auf der rechten Seite gleich in die Felsklippen. Eine erneute Panikwelle brach bei Silvia aus. Dann fuhr das entgegenkommende Auto an uns vorbei und rechts von uns, also zur Steilküste überholte uns gleichzeitig ein anderes Auto. Da erkannte auch Silvia endlich, dass wir noch weit von der Steilküste entfernt sind und wir nicht drohen abzustürzen. Robin wurde es langsam zu blöd mit dem Geschrei und er gab einfach Gas um vorwärts zu kommen, aber auch um nicht am Berg anfahren zu müssen, denn es war unklar ob der Klein- wagen das überhaupt schafft. Unter unserem Auto knallte und bollerte es nur so, dann kam eine kleine Hütte und wir mussten bei einer alten Frau Eintritt bezahlen, pro Person ein Euro. Nun war allen klar, dass wir uns auf dem richtigen Weg befinden. Wenigstens der Zweifel wurde ausgeräumt. Ich dachte mir im Stillen, mit meinem Privatauto wäre ich auf so einem Pfad niemals lang gefahren, denn da wird alles am Auto demoliert. Der Pfad wurde wieder etwas flacher und verlief ein paar Meter von der Steilküste entfernt. Jetzt konnte Kevin auch wieder sprechen, denn seine Höhenangst verschwand langsam. Silvia schimpfte auch etwas leiser, so ging die Fahrt weiter.

Nach ein paar weiteren Kilometern kamen wir auf dem Parkplatz an, der eigentlich noch schlechter vom Belag war als die bisherige ganze Strecke. Wir suchten einen geeigneten Platz zum Parken, ohne dass das Auto komplett aufsetzte. Was wirklich nicht einfach war. Vor uns fuhren Autos mit deutlich mehr Bodenfreiheit und die hatten das gleiche Problem. Den letzten, aber wirklich allerletzten Parkplatz erwischen wir in der äußersten Parkreihe. Aufatmen bei allen, wir hatten es geschafft, aber wo war der Traumstrand zu sehen. Erst schauten wir unter das Auto, um evtl. Beschädigungen zu sehen, dann packten wir unsere Badesachen und liefen zum Ausgang des Parkplatzes, wenn man das so bezeichne möchte. Dort waren zwei große Schilder angebracht, eins hieß uns in Balos willkommen und zeigte den Weg Richtung Strand. Es waren noch tausendachthundert Meter zum Strand zu laufen. Der Weg führte zwischen zwei Bergen über eine Kuppe und dann hinab zum Strand. Der Weg war eigentlich was für professionelle Bergwanderer. Ich war froh meine Laufschuhe zu tragen und nicht wie erst geplant mit Flip-Flops dort hin zu laufen. Unterwegs wollte Silvia den Weg mehrfach abbrechen und auf uns am Parkplatz warten. Mit Engelszungen überzeugten wir sie immer wieder, trotz den ständigen Wutausbrüchen und heftigem Gejammer. Ich trug ihr ganzes Gepäck zusätzlich, so konnte sie sich ganz auf den Weg konzentrieren. Dann verlief der Weg auch noch steil bergab und ausgerechnet an einem steinigen Hang entlang. Kevin lief schnell voraus, so lange seine Höhenangst noch nicht überhand hatte. Ich wusste zwischendurch manchmal nicht mehr, wen ich zuerst trösten oder beruhigen sollte. Für Robin und mich war das ein relativ einfaches Unterfangen, es war einfach ein ganz schlechter Weg mit Hindernissen. Nur die Temperatur war etwas unangenehm bei dieser Anstrengung. Zumal es bei zweiunddreißig Grad keinen Schattenplatz gab. Dann joggte ein junger Mann direkt am Abgrund entlang, Kevin konnte da nicht hinsehen, so schlimm war es für ihn.

Dann lag der Traumstrand vor uns und es war meiner Meinung nach allen Anstrengungen wert. Eine runde Felsinsel mitten im Meer und zwischen der Insel und der Halbinsel ein fantastisch, atemberaubendes flaches Wasser, das wie in der Karibik aussah. Es gab die unterschiedlichsten wunderschönen Blautöne im kristallklaren Wasser. Im und um das Wasser feiner heller Muschel- oder Korallensandstrand, mit leicht begrünten Dünen im weiteren Verlauf zu den Bergen. Wir blieben stehen u. genossen diese einzigartige tolle Aussicht u. brannten dieses Bild für alle Zeiten in unser Gedächtnis. Selbst Silvia hörte kurzzeitig mit dem Jammern und Schimpfen auf. Nach einer kurzen Fotopause liefen wir zum Strand. Ich fand sogar einen kleinen Platz hinter einem Felsen mit Schatten für uns. Dort ließen wir uns nieder, zogen die Badehosen an und ab ins Meer. Silvia hatte keine Lust sich umzuziehen um ruhte sich im Schatten des Felsens aus. Wir drei Männer wollten am liebsten den ganzen Tag in dem frischen, aber warmen Wasser bleiben. Denn die tiefste Stelle betrug kaum zwei Meter, so konnte sich das Wasser durch die Sonnenkraft gut erwärmen. Irgendwann gingen auch wir wieder aus dem herrlichen Wasser, um unser Lunchpaket zu öffnen und im Schatten des Felsens zu genießen. Nun war es das erste Mal seit ein paar Stunden richtig ruhig, denn alle hatten mächtig Hunger und Durst.

Wir blieben nur knapp eineinhalb Stunden im Paradies Balos, weil wir noch den zweiten Strand, vor allem Kevin, erleben wollten. Schnell packten wir alles zusammen und machten uns auf den Rückweg. Ich trug wieder Silvias Gepäck, trotzdem schwächelte sie sehr, weil sie meinte ihr Kreislauf schafft das nicht. Wir legten auf dem Rückweg immer wieder längere Pausen ein, damit es für Silvia erträglich wurde. Im Auto ging es ihr dann wieder etwas besser. Wir traten die Fahrt nach Elafonisi an und durchlebten, etwas abgemildert, das gleiche Theater über die Schotterpiste wie zuvor. Silvia war wieder in Top-Form, kein Zeichen von Schwäche.

Ich vergaß zu berichten, dass nach einer Stunde Fahrt von Gouves das Gebläse und die Klimaanlage im Auto komplett ausgefallen ist und das bei zweiunddreißig Grad im Schatten.

Nachdem wir die Schotterpiste hinter uns hatten, fuhren wir auf der schönen geteerten Straße Richtung Elafonisi. Auf der Landkarte war dies eine große rote Straße bis zum Ort Kefali. Dennoch war die Straße sehr kurvig, so dass wir nur sehr langsam voran kamen. Aber es gab dort eine sehr schöne Fernsicht auf die Berge und das Meer. Von dem Ort Kefali bis Elafonisi mussten wir eine kleine gelbe Straße fahren, die leider auch sehr viel Zeit kostete und ebenfalls kurvig verlief.

Wir erreichten spät den Parkplatz zum Strand von Elafonisi. Die Umgebung dort war komplett anders als auf Balos. Hier wuchs zwischen den flacheren Bergrücken so eine Art Heidekraut u. vereinzelt grüne Büsche oder Bäume. Es war anders, aber auch sehr schön anzuschauen. Der Strand war leicht zu erreichen, keine fünf Minuten vom Parkplatz über kleine flache ausgetretene Pfade, ohne Steine. Das gefiel auch Silvia u. sie war mit dem Weg sehr zufrieden. Der saubere Sandstrand war sicherlich auch sehr schön, aber viel zu dicht bestuhlt, denn die Liegen reichten teilweise bis in das Meerwasser und lagen in einer Reihe nebeneinander. Wir fanden das einfach zu überfüllt und unser ganz klare Empfehlung ist der Traumstrand von Balos, trotz der Anfahrt. Nur sollte zum Strand von Balos der ganze Tag Zeit spendiert werden, sonst wird dies zu stressig. Es ist auch sehr zu empfehlen, noch früher zu starten, als wir es taten. Denn wir erwischten den letzten Parkplatz und bei der Abfahrt stand bereits eine kilometerlange Schlange parkender Autos auf der Schotterpiste zum Parkplatz. Die letzten mussten bestimmt zusätzlich nochmals über einen Kilometer in der heißen Mittagssonne laufen, bis sie den Parkplatz erreichten.

Wie gesagt, der feine Sandstrand von Elafonisi wäre sehr schön, wenn es da nicht die übertriebene Dichte an Liegestühlen gäbe. Auf der einen Seite der kleinen Landzunge, die aus reinem Sand besteht, geht es normal in das Meer, auf der anderen Seite ist das Wasser sehr flach und erinnert uns ebenfalls an die Prachtstrände der Karibik. Auf beiden Seiten sind keine störenden Steine oder Felsen im Meer, alles ist sehr klar und sauber im Wasser und es gibt auch hier die schönen unterschiedlichen Blautöne im Meerwasser. Wenn einem die vielen Liegen nicht stören, ist man hier bestens aufgehoben. Zum sich kennenlernen der jungen Generation sehe ich die Badestelle als ideal, weil hier nur sehr junge Menschen am Strand waren. Vielleicht ist das aber auch nur zu unserer Besuchszeit der Fall gewesen.

Das Hinterland an diesem Strand, mit seinen bewachsenen flachen Dünen und vereinzelten Steinen, die dann weitläufig in kleinere Berge übergehen, hat auch seinen Reiz, zumal keine Ortschaft direkt nach dem Strand zu sehen war.

Vor der Landzunge aus Sand, auf der Seite mit dem Standardgefälle ins Meer, befindet sich etwa hundert Meter vom Strand entfernt eine kleine Felsformation, die sicher interessant für die Badegäste ist. Leider hatten wir keine Zeit mehr um diesen Strand in Elafonisi gründlicher zu testen, weil wir schon sehr spät dran waren u. die Rückfahrt antreten mussten.

Robin wollte unbedingt die Bergetappe bis zur Schnellstraße 90 fahren, weil es ihm Freude machte, so durch die Kurven zu fahren. Ich war natürlich einverstanden und freute mich, denn so konnte ich die Landschaft in den Bergen genießen. Auch wenn die Fahrerei anstrengend war, so konnten wir aber auf dieser Etappe die Schönheit der Top-Strände, der westliche Küstenabschnitt und das bergige Inland besichtigt werden.

So gesehen war die Tour eine sehr schöne Besichtigungsfahrt, die mir sehr viel Freude bereitete, wenn da nicht die Klimaanlage und das Gebläse in unserem Mietwagen ausgefallen wäre. Auch Silvia und Kevin gewöhnten sich einigermaßen an die kurvenreiche Strecke, denn Silvia meckerte nur noch selten. Kevin mit seiner Höhenangst verträgt nur die Küstenstraßen nicht, die direkt u. steil nach der Straße ins Meer fallen. Im Inland der westlichen Insel von Kreta hatte er hingegen weniger Probleme.

Unsere Rückfahrt führte auf der kleinen gelben Straße bis zum Ort Kefali, dann bogen wir nach rechts auf die größere rote Straße Richtung Topolia ab. Diese Straße lässt sich ganz gut fahren und ist nicht mehr ganz so kurvig. Nach Topolia fahren wir bei Voulgaro auf die kleine weiße Straße, dann ein kurzes Stück auf der gelben Straße, um dann wieder auf die kleine weiße Straße zu fahren und bei Anoskeli in die rote bequeme Straße zu gelangen und nach links Richtung der Ortschaft Voukolies zu fahren. So kürzen wir ein wenig die Route ab und gelangen über die rote Straße wieder auf die Schnellstraße 90, auf der wir uns wieder parallel dem Küstenverlauf über Chania, Heraklion bis zu unserem Hotel in Gouves bewegen. Ab der Schnellstraße 90 gibt es einen Fahrerwechsel und ich fahre die restliche Strecke. Unterwegs noch tanken und nach der Ankunft in Gouves geben wir direkt das Auto an den Verleih ab. Dort reklamiere ich erst mal, dass die Klimaanlage und das Gebläse im Mietwagen bereits nach einer Stunde Fahrt komplett ausgefallen ist und dies sei unzumutbar bei den Temperaturen. Soviel zu der Aussage, dass dies vom Fachmann qualifiziert repariert wurde und für die Ewigkeit hält. Leider dauerte die Ewigkeit nur eine Stunde. Dieses Fahrzeug wollen wir nicht mehr und wenn noch einmal die Klimaanlage ausfällt, dann will ich mein Geld zurück. Die Vermieterin grinste nur und meinte, so machen wir das.

Wir packten unsere Badesachen und liefen zum Hotel.
Ein wenig hatten wir schon ein schlechtes Gewissen, denn
das Auto war total dreckig und verstaubt, der Sand drückte
überall ins Fahrzeug hinein. Zum Glück müssen wir nicht
das schmutzige Auto putzen. Das alles für fünfundzwanzig
Euro pro Tag, da bleibt nach der Reinigung nicht mehr viel
für den Mietwagenverleih übrig. So waren meine Gedanken-
gänge und mein Gewissen haderte mit mir. Denn ich wäre mit
meinem recht neuen, schönen und tiefliegenden Auto diese
Route auf keinen Fall gefahren.

Kaum im Hotel angekommen, schnell unter die Dusche und
dann zum Abendessen. Es reichte uns noch für ein schönes
gemütliches Abendessen, das wir uns heute auch hart
verdient hatten. Das erste Bier zum Essen verdampfte quasi,
so gut schmeckte das kleine Glas nach dem anstrengenden
Tag. Es gab unter anderem ein ganzes gegrilltes Lamm,
dass vor den Gästen zerkleinert wurde und so fantastisch gut
schmeckte, dass ich und meine Jungs vier Mal Nachschlag
geholt hatten. Ich ging zum Restaurantleiter und dem
Küchenchef, die zufällig nebeneinander standen und
gratulierte ihnen zu diesem leckeren gegrillten Lamm.
Beide freuten sich und strahlten über das ganze Gesicht.
Leider mag Silvia kein Lamm, aber ihr Essen, das aus
geschmortem Rindfleisch, verschiedenem Gemüse und
Tintenfischringen bestand, war ebenfalls sehr gut.
Grundsätzlich können wir nur Gutes über die Küche
in diesem Hotel "Aphrodite Beach Club" sagen.

An diesem Abend wurde es nicht spät, denn alle waren
müde vom langen und anstrengenden Tag, ob als Fahrer
oder Beifahrer, es kostete, vor allem durch die Fahrt über
die Schotterpisten, viel Kraft und Nerven. So tranken wir
nach dem Abendessen nur noch ein Glas Rotwein und
schon fielen die Augen zu.

In den nächsten zwei Tagen erholten wir uns und genossen das Allinklusive Paket des Hotels. Jedoch am zweiten Tag wurde die Tour des folgenden Tages abgestimmt und das Auto vom Mietwagenverleih, um zwanzig Uhr, abgeholt. Dieses Mal bekamen wir einen gelben, viertürigen Kleinwagen, der noch recht neuwertig aussah und ebenfalls komplett sauber übergeben wurde. Die Chefin des Autoverleihs zeigte, erklärte uns alles und wies uns ganz besonders auf die funktionierende Klimaanlage hin. Ich meinte nur, hoffentlich hält die länger als eine Stunde. Darauf meinte Sie, wenn die auch ausfällt, dann bekommen Sie ihr Geld für alle drei Tage komplett zurück. Sie fragte mich noch wo wir hinfahren, denn das letzte Mal war das Auto doch sehr mit Sand und Staub verschmutzt. Ich teilte ihr mit, dass wir nur ein Kloster besichtigen wollen und wir diesmal das Auto halbwegs sauberer zurück geben werden. Sie freute sich, wir verabschiedeten uns und jeder ging seines Weges. Beziehungsweise, wir fuhren den sauberen Kleinwagen auf den gesicherten und kostenfreien Parkplatz unseres Hotels. Silvia und Robin teilten uns freudig mit, dass wir ganz entspannt und später zum Frühstück gehen können, denn morgen haben wir eine kürzere Tour vor. Ich bestand aber auf das frühe Frühstück, denn ich hatte mich schon des Öfteren mit kurzen Strecken getäuscht, die anschließend deutlich länger wurden. Wir orderten noch das Lunchpaket für den nächsten Tag und dann ging es nach einem kleinen Umtrunk ins Bett.

Am nächsten Morgen erschienen alle Mann pünktlich zum Frühstück und freuten sich über das Buffet und den leckeren Cappuccino, natürlich ganz besonders über den frisch gepressten Orangensaft. Der Restaurantchef brachte uns die Lunchpakete und dann nochmals kurz frisch machen und schon ging es los in unserem gelben Kleinwagen. Mit den Badesachen, Lunchpaketen und jeder mit seinem persönlichen Rucksack, waren wir unterwegs, um von Gouves nach Krousonas in das Kloster Moni Agia Irini zu fahren.

Die Route führte uns auf die Schnellstraße 90 Richtung Heraklion, dann bogen wir bei Agia Marina links ab, auf die rote Schnellstraße 97 in Richtung Agia Varvara. Dies sah alles sehr einfach aus, zumindest auf der Landkarte. Ich bat alle darauf zu achten, wenn die Schnellstraße 97 kommt, damit wir weder zu früh, noch zu spät abbiegen. Alle quatschten im Auto durcheinander, ich bat um Ruhe und Konzentration, damit wir die eine wichtige Abfahrt nicht verpassen. Dann schrie Silvia von hinten, schnell links abbiegen, da ist die Schnellstraße 97. Robin reagierte sofort und bog mit voller Geschwindigkeit ab. Ich bemerkte, dass ich diess Schild nicht gelesen hatte und mir die Straße viel zu klein vorkam, als dass dies eine Schnellstraße wäre. Silvia meinte, sie habe es ganz genau gesehen weiter fahren. Ich sagte nur noch, gut ich übernehme die Verantwortung nicht. Wir fuhren immer weiter und die Straße wurde fortlaufend kleiner und enger, aber Silvia beharrte darauf es sei die richtige Schnellstraße 97 und wir richtig unterwegs sind. Dann erklärte ich Silvia nochmals, dies ist niemals eine Schnellstraße und außerdem finde ich keinen einzigen Ort, den wir auf der Landkarte sehen sollten. Wir sind schon über dreißig Kilometer auf dieser Straße unterwegs, das ist deutlich mehr als die Teilstrecke zum Kloster. Silvia belächelte mich und rief weiter fahren, stimmt alles. Dann überholte uns ein Auto mit vier jungen Männern und winkte uns an den Straßenrand, um uns zu fragen, wo wir hin wollen, weil in ein paar Kilometer endet diese Straße. Wir erklärten unser Ziel und die vier lachten, da sind wir komplett falsch unterwegs und müssen die ganze Strecke zurück fahren. Wir bedankten uns und drehten um, dann meinte Kevin nach zwei Kilometern, ich habe nun mein Navi im Handy eingeschaltet, da vorne müssen wir rechts abbiegen. Ich sagte, der Weg ist ja noch viel kleiner als diese Straße, das kann nie und nimmer stimmen. Die Mehrheit beschloss nun nach Navi zu fahren.

Kevin war stolz und navigierte uns nun. Es ging auf einer einspurigen Teerstraße, die insgesamt so breit wie ein Auto ist, immer steil und sehr kurvig bergauf. Ich nahm noch einmal Anlauf und versuchte die Gruppe zum Umdenken zu bewegen, zumal ich auf der Bergspitze schon die Antennenstation sah. Teilte ihnen mit, dass die super schmale Straße bestimmt nur der Zubringer für die Arbeitsplätze auf der Antennenstation sei und danach die Teerstraße vermutlich endet. Da fingen alle an zu lachen und teilten mir mit, sie fahren nach Handy, da klappt das alles und wir sind gleich auf der Teerstraße am Ziel. Wir schraubten uns immer weiter hinauf, fuhren an einer schönen runden, natursteingemauerten Windmühle vorbei und weiter die steile Teerstraße bergauf. Bis wir schließlich am Gipfel standen, direkt vor dem Eingang der Antennenstation. Die Fernsicht war beeindruckend, aber nach der Station endete die Teerstraße und es gab eigentlich keine Straße mehr. Da kam uns ein Geländejeep auf dem Schotterweg entgegen und Kevin sagte, das ist unsere Straße. Dann meinte auch Silvia, das ist doch keine Straße, nicht mal ein einfacher Feldweg. Aber Kevin navigierte uns einfach weiter. Robin und ich konnten nur noch vor uns hin lachen und uns wundern. Aber Kevin ließ sich nicht beirren und navigierte uns weiter. Ich wollte eigentlich das Auto diesmal etwas sauberer zurück bringen, aber wenn wir die Schotterpiste und den Lehmweg weiter fahren, wird da wohl nichts draus. Silvia regte sich langsam auf und bemerkte, das hier ist doch nur was für Geländejeeps, so einer wie der, der uns vorhin entgegen kam. Kevin zeigte uns sein Navi und befahl weiterfahren. Robin musste sich ganz und gar auf den Schotterweg konzentrieren, damit die Bodenwanne nicht abgerissen wird und nicht allzu viele Steine unter das Bodenblech geschleudert werden. Die Fernsicht wurde immer fantastischer und ich konzentrierte mich nun lieber auf das fotografieren der Landschaft. Dann liefen uns ständig ganze Ziegenherden oder einzeln verstreute Tiere vor oder in das Auto. Es war wie auf einer Ziegenkoppel.

Es lagen so große Steine auf der Piste, dass wir nicht mehr weiter fahren konnten, wenden war aber auch nicht möglich. Was machen wir nun ! Silvia stieg aus dem Auto und beseitigte zu Fuß die Steine vor unserem Auto, so ging das einen guten Kilometer. Dann wechselte die Schotterpiste in drei Fahrbahnen aus Lehm. Alle schauten Kevin an und fragten welche ist die richtige. Er sah aber nur eine kleine Straße auf seinem Handy. Wir entschieden uns für die linke der drei Lehmrinnen. Stellten nach ein paar hundert Meter fest, dass alle drei Lehmrinnen sich wieder zusammen auf einen Dreckweg vereinten. Es ging weiter steil bergab und ein umdrehen war ausgeschlossen, denn mit dem Auto kommen wir die Lehmrinnen nicht wieder hoch. Wir fuhren direkt auf einen Ziegenbauernhof zu u. befürchteten, dass hier die Strecke zu Ende ist. Kevin beruhigte uns und meinte vor dem mickrigen Haus geht der Pfad weiter nach links bergab. Dann kamen uns drei Off-Road Jeeps mit der großen Werbeaufschrift "Off-Road Mountain Safari 4 x 4" entgegen und kämpften sich den Berg hoch. Die schauten uns alle sehr eigenartig an, wie wenn wir direkt aus der Irrenanstalt kommen. Wir wichen aus und fuhren einfach weiter. Kevin meinte so nach dem Motto, für was ein Off-Road Jeep wir haben doch den tiefergelegten Kleinwagen. Nun mussten alle laut lachen, vielleicht auch vor Freude, weil wir nun wussten, es gibt einen fahrbaren Weg nach unten. Wenn der auch vielleicht nicht so geeignet für dieses Auto ist. Nach ein paar Kilometer erreichten wir wieder eine Schotterpiste und wir freuten uns über die beschissene Strecke. So ganz nach dem Motto, besser als der Lehmpfad. Nun fuhren wir an riesengroßen und jungen Obstbaumplantagen vorbei. Es waren Birnen, Pfirsiche, Äpfel, Granatäpfel, Pflaumen und weitere akkurat in Reihe gepflanzte Obstbäume dabei. Die ersten vereinzelten Häuser erschienen in den Plantagen. Dann fuhren wir auf eine sternförmige Kreuzung mit drei gleichen Abfahrten, wie ein Mercedesstern. Im Zentrum zwanzig Meter Teerstraße, danach überall wieder Schotter.

In der Kreuzung standen Richtungsschilder in verschiedene Orte und eine Tafel wo wir uns befanden. Aber kein einziger Ort war auf unserer Landkarte zu finden. Nach Mehrheitsbeschluss und Bauchgefühl fuhren wir nach links, denn das Navi kannte keinen dieser Wege. Nach ein paar weiteren Kilometer auf der Schotterpiste und Trommelsteinschlag unter dem Auto erspähten wir in der Ferne eine kleine Teerstraße. Die Zivilisation hat uns gleich wieder, dachte jeder für sich. Wir folgten der Teerstraße, es gab eh nichts anderes, bis wir eine kleine Kapelle auf einem sauber erhaltenen Friedhof sahen. Wir steuerten dort hin und hielten an, um uns vor Ort, auf den Tafeln zu informieren, wo wir eigentlich sind. Dann lasen wir auf dem Plakat Kloster Moni Agia Irini. Wir standen tatsächlich vor dem Kloster, das wir besichtigen wollten, keiner konnte es so richtig fassen, was hier eigentlich geschah. Wir tranken eine Kleinigkeit und lasen uns alles durch.

Das Kloster Moni Agia Irini ist nur fünfundzwanzig Kilometer von Heraklion entfernt und liegt drei Kilometer westlich der Kleinstadt Krousonas, an den Hängen der Psiloritis auf einer Meereshöhe von sechshundertdreißig Meter. Das Kloster erreicht man über die Straße, die Krousonas mit dem Livadi-Plateau verbindet. Nicht wie wir, die über die Rückseite ohne Straße über die Bergspitzen gefahren sind, dies sollte man nur mit einem guten Geländewagen und viel Zeit durchführen. Das Kloster wurde im sechzehnten Jahrhundert von Mönchen gebaut und bewirtschaftet, bis die Anlage im Jahr achtzehnhundertzweiundzwanzig von den Türken zerstört wurde. Dabei wurden alle Mönche umgebracht, ihre Schädel sind heute noch, in einer Glasvitrine, auf dem kleinen Friedhof des Klosters ausgestellt. Im Jahre neunzehnhundertvierundvierzig wurde das kleine, aber sehr schöne Kloster wieder aufgebaut und von Nonnen bewirtschaftet und am Leben erhalten. Es gehört zu den ältesten Klöstern von Kreta und ist in einem sehr schön renovierten Zustand, mit vielen Blumen.

Die zweigeschossige natursteingemauerte Kirche des Klosters wurde der Heiligen Irene, dessen Feier am fünften Mai ist und der Maria Himmelfahrt am fünfzehnten August gewidmet.

Vor dem Eingang befindet sich auf der linken Seite ein kleiner Wandbrunnen mit einem Wasserhahn und einem angeketteten Metallbecher, mit dem sich die Gläubigen nach dem Aufstieg zum Kloster erfrischen können, bevor sie den heiligen Ort betreten. Durch einen natursteingemauerten Torbogen mit einer massiven Holztür, über dem ein Bild und das Kreuz angebracht ist, gelangt man in den Innenbereich des Klosters.

Im Wesentlichen besteht die Anlage aus der Klosterkirche, zwei langen Wohngebäudetrakten, in dem die Nonnen wohnen und einem Wirtschaftsgebäude mit Speise- und Aufenthaltsraum, so wie den Ställen, die in Richtung Krousonas stehen.

Vor dem Kloster ist ein kleiner Friedhof mit einer einfachen Kapelle, auf dem die Mönche, später auch die Nonnen des Klosters beerdigt wurden. Auch dieser kleine Friedhof ist sehr gut erhalten und wird schön gepflegt. Die schöne und einfache natursteingemauerten Klosterkirche mit seinen zwei halbrunden roten Ziegeldächern und den zwei kleinen Erkern ist ein echter Blickfang für die Besucher des Klosters.

Über dem Eingang ist ein einfach gemauerter Bogen mit der Kirchenglocke und darüber ein Kreuz aus dem gleichem Material. Auf allen höchsten Punkten des Gebäudes sind die aus Stein gemauerten christlichen Kreuze angebracht.

Im zweistöckigen Gebäude sind nur wenige und sehr kleine Fenster integriert. Unter dem schlichten Steinbogen am Eingang befindet sich nur eine einfache massive Holztür. Der Innenraum der Kirche ist hell und freundlich gestaltet, an den Wänden und Decken sind christliche Bilder auf hellblauem Hintergrund zu sehen. Die Decke wird von einem dreistöckigen goldenen und filigranen Metallkerzenhalter mit vielen weißen Kerzen geschmückt. Der Innenraum ist vorwiegend in Gold- und Naturholzprodukten bestückt.

Grob gegenüber der Eingangstür befindet sich ein kleiner
Nebenraum, in dem sich u.a. zwei sandgefüllte Behältnisse
befinden, in dem die bereitgestellten dünnen weißen Kerzen
gestellt und angezündet werden dürfen. Ebenso befindet sich
ein kleines Spendengefäß für die Gäste der Klosterkirche dort.

Wir bewegten uns frei in der schönen und gepflegten
Anlage des Klosters, besichtigten die Kirche u. alle weiteren
Gebäude. In den kleinen, aber sehr ordentlichen Vorgärten
der Unterkünfte der Nonnen begegneten wir einer sehr alten
Nonne, die mit der Gartenarbeit beschäftigt war. Sie züchtete
Tomaten, Zucchini, Zwiebeln, Radieschen und weiteres
Gemüse im Erdreich und den aufgehängten großen Gefäßen.
Es stand auch ein kleiner Granatapfelbaum, mit schönen
großen, reifen und roten Früchten in ihrem kleinen Vorgarten.

Wir machten uns weiter auf den Weg in die Kleinstadt
Krousonas, die gerade mal knapp über zweitausendeinhundert
Einwohner beherbergt. Krousonas liegt sehr idyllisch in den
Ausläufern des Bergs Ida oder auch Psiloritis und ist bekannt
für das vorher genannte Mönchskloster der Heiligen Irini. Im
Ortskern befinden sich mehrere Tavernen und Cafes mit
Bewirtung im Außenbereich, so wie es in Kreta fast überall zu
finden ist. Ebenso traditionell die kleinen Supermärkte, die den
Bedarf des täglichen Lebens abdecken. Dort kaufte ich uns
auch ein paar Dosen Bier, die wir nach der aufregenden
Expeditionsanreise zum Kloster dringend nötig hatten.
Einerseits um den Durst zu löschen, aber auch um die Nerven
zu beruhigen. Im typisch griechischen Ortskern steht eine sehr
schöne und große Kirche, die in Weiß gehaltene Fassade der
Kirche zeichnet sich durch ihre vielen abgesetzten Erkern und
den roten Ziegeldächern aus. Im Haupttrakt hebt sich ein
großer runder Turm mit einem Runddach, auf dessen Spitze
ein großes Kreuz angebracht ist, hervor.

Neben dem Hauptgebäude steht ein separater rechteckiger Glockenturm, der mit seiner Uhr und dem Kreuz über dem Dach, alles überragt. Vor der Kirche ist ein großer Platz, der sicherlich nicht nur für religiöse Zwecke verwendet wird. Die Kirche liegt ideal im Zentrum der Kleinstadt und bildet quasi optisch die Kirsche auf dem Sahnehäubchen einer Torte.

Wir laufen noch ein klein wenig durch die Straßen der Kleinstadt, auch um uns etwas die Füße zu vertreten. Dabei entdecken wir einen älteren Herrn mit grauem Vollbart, der mit seinen blauen Jeans und dem karierten Hemd ganz alleine im Cafe sitzt und uns in Ruhe beobachtet. Vor ihm steht ein Kaffee und ein Glas Wasser. Das ist für mich das typische "Wohnzimmer der Griechen", so bezeichnet man die Lebensgewohnheiten der Griechen, deren Leben zum großen Teil in den einfachen und gemütlichen Tavernen und Cafes im Freien unter Freunden und Verwandten stattfindet.

Für uns heißt es nun wieder, dass wir uns auf den Weg machen und uns von der Kleinstadt Krousonas verabschieden. Es ist nun schon weit nach zwölf Uhr und wir haben noch einen langen Weg vor uns, gut dass ich darauf bestanden habe heute Morgen so früh zu starten.

Wir fahren aus dem idyllischen Städtchen zur roten Schnell-straße 97 auf die uns Kevin über sein Navi Querfeldein lotst. Dann weiter auf dieser Straße bis Agia Varvara in südlicher Richtung. Dort angekommen nehmen wir die Abkürzung auf der linken Seite, die direkt bis Kastelli führt. Dies ist eine ganz neue Schnellstraße mit vielen Tunneln und kaum Kurven. Da holt Robin alles aus unserem Kleinwagen raus. Das war das bisher schnellste Teilstück auf der Insel Kreta. Wir folgen der roten Schnellstraße 97 bis zur Ortschaft Petrokefali, dort kehren wir spontan in eine kleine Taverne ein, und trinken einen Liter Rotwein vom Fass, der aus diesem Ort stammt.

In der Taverne haben wir viel Spaß und gute Unterhaltung,
weil der griechische Inhaber, der uns auch bedient, sein Leben
lang in Deutschland arbeitete und viel zu erzählen hatte.
Er spricht ein absolutes dialektfreies und perfektes Deutsch.
Der Inhaber ist ein echter Genießer und Überlebenskünstler,
denn er hatte seine Arbeit mit fünfzig Jahren in Deutschland
aufgegeben und ist wieder in seine alte oder ursprüngliche
Heimat, nach Kreta zurück gekehrt. Er will das restliche Leben
hier im warmen und schönen Kreta verbringen und damit es
ihm nicht allzu langweilig wird, hat er eine kleine Taverne
eröffnet. Es gibt nur Getränke wie Wein, Bier, Schnaps,
Softdrinks, alle möglichen Kaffeesorten und ein paar kleine
Snacks. Er bringt uns zum Wein ein paar frische Rotwein-
trauben und betont, das sind die Trauben, dessen Wein wir
gerade trinken. Entspannt holt er aus seinem kleinen Laden
noch ein paar Snacks, wie Käse, Schinken, Oliven und
trockene Knabbersachen. Als unser Wein fast leer war,
wollte ich bezahlen, da brachte er nochmal einen großen
Krug des gleichen Rotweins auf Kosten des Hauses. Robin
musste leider aussteigen, weil er heute fahren wollte und so
blieb der weitere Liter Rotwein für Silvia, Kevin und mich.
Das war auf nüchternen Magen eine Menge Alkohol und
wir spüren die Stärke des kräftigen Rotweins aus Kreta.
Wir blieben selbstverständlich sitzen, bis der letzte Tropfen
des guten Rotweins getrunken war und bedankten uns
natürlich recht herzlich bei der Verabschiedung von unserem
Wirt. Ich bezahlte und gab ein großzügiges Trinkgeld in seine
Hand. Wir wollten gerade aufstehen, da rief dem Wirt seine
Frau, einen ganz kleinen Moment noch und reichte jedem
einen eiskalten Quzo in die Hand. Alle prosteten sich mit
dem griechischen "Yamas" zu, was auf Deutsch Prost heißt.

Dann mussten wir schnellstens weiter zum Dorf Matala,
weil wir dort die berühmten "Hippiehöhlen von Matala"
anschauen wollten.

Dazu fuhren wir die kleine gelbe Straße über Pitsidia nach Matala. Das kleine Dorf war voll, ebenso die Parkplätze vor dem Strand. Ich sah eine kleine Lücke, auf der wir kostenfrei parken konnten, da waren wir froh mit so einem kleinen Auto unterwegs zu sein, denn ein Mittelklassefahrzeug hätte da nicht hinein gepasst. Da hatten wir wieder einmal richtig viel Glück.

Dann schauen wir uns das Dorf Matala ein wenig an, es liegt an der Südküste der Insel Kreta so ziemlich in der Mitte. Dem griechischen Mythos nach war Matala der Ort, an dem Zeus in Stiergestalt mit der von ihm entführten phönizischen Prinzessin Europa an Land ging. Er verwandelte sich hier anschließend in einen Adler und brachte Europa weiter nach Gortyn. Das kleine Dorf Matala hat um die siebzig Einwohner und ist heute eine Siedlung in der Ortschaft Pitsidia im Gemeindebezirk Tymbaki der Gemeinde Festos. Schon in der Jungsteinzeit wurden hier in das weiche, poröse Gestein der Bucht zahlreiche Wohnhöhlen gemeißelt, die in der Zeit der römischen Besetzung Kretas als Grabstätten genutzt wurden. Bis zum heutigen Tag sind diese Höhlen von Matala eine berühmte Attraktion für Touristen aus der ganzen Welt. In der minoischen Epoche befand sich an dieser Stelle vermutlich der Hafen von Phaistos, so wie auch die Ausgrabungsstätte genannt wird. In der römischen Epoche war Matala der Hafen von Gortyn. Die Sarazenen unter Abu Hafs Omar, die achthundertvierundzwanzig Kreta eroberten, gingen zuerst in Matala auf diese Insel an Land. In den Jahren neunzehnhundertsechzig entdeckten die Hippies aus aller Welt diese Wohnhöhlen und besiedelten sie. Unter ihnen waren auch viele Bürger aus den USA, die eine Teilnahme am Vietnam-krieg verweigerten u. hier Unterschlupf fanden. Zu dieser Zeit gründeten die Hippies hier eine große Kommune, unter ihnen waren auch Berühmtheiten wie die Sängerin Joni Mitchell. Ihr bekanntes Lied "Carey" bezieht sich auf das Leben in Matala und erwähnt das "Mermaid Cafe" in diesem Ort.

Unter weiteren berühmten Aussteigern und Blumenkindern befanden sich Musiklegenden wie Bob Dylan und Cat Stevens, sie alle waren das Symbol für grenzenlose Freiheit, eigenen Willen und eine ganz andere Art zu leben.

Jährlich im Sommer findet in Matala ein dreitägiges großes Festival direkt am Strand statt. Es ist das "Matala Beach Festival" an dem am Strand relaxt wird und eine ordentliche Strandparty mit Bühne und Musikern aus aller Welt stattfindet.

Um beim Thema Strand zu bleiben, es gibt den bekannten Strand "Red Beach", der etwas abgeschieden südlich von Matala, namens Kokkini Ammos, liegt. Dieser Strand ist nur zu Fuß über einen felsigen Weg erreichbar, dafür werden rund zwanzig bis dreißig Minuten benötigt. Festes Schuhwerk ist für diesen Weg eine Voraussetzung. Am Strand selber kann dann alles ausgezogen werden, weil der Strand ein FKK Bereich ist.

Im kleinen Dorf Matala gibt es inzwischen einfache Hotels und richtig gute Tavernen, die nicht nur so heißen, sondern auch so sind. Hier gibt es originale Speisen und Getränke aus der Küche von Kreta.

Das Dorf mit dem Sandstrand und den Hippiehöhlen kann man sich am einfachsten U-förmig angeordnet vorstellen. Auf einem geraden Schenkel des U ist das Dorf Matala, gegenüber sind die Felsen mit den Hippiehöhlen und im Bogen des U ist der schöne und breite Sandstrand. Weil wir mit der Zeit knapp sind laufen wir als nächstes zum Eintrittshäuschen der Hippiehöhlen und kaufen die Eintrittskarten. Der Standartpreis beträgt vier Euro pro Person, weil unsere Kinder ihre Studentenausweise vorzeigen, Silvia und ich uns als Rentner melden, bekommen wir den Eintritt zum halben Preis. Das freut des Schwabens Herz.

Dann besichtigen wir die Höhlen, hinter den einzelnen
Eingangslöchern befinden sich immer zwischen ein bis
sechs Schlafplätze, die in den meist runden Anordnungen
der Höhle, in den Außenwänden eingemeißelt wurden.
Manche Höhlen haben Verbindungslöcher, so dass die
damaligen Bewohner, direkt im Berg, von einer zur
anderen Höhle gehen konnten. Auch wurden kleine
Nischen in die inneren Höhlenwände geschlagen, um
darin Kerzen aufzustellen, denn Strom und Wasser gab
es zur Hippiezeit hier nicht. Es sind grob vier bis fünf
Höhlenreihen wild übereinander angeordnet, die ohne
Treppen, nur zu Fuß über die natürlichen Felsen erreicht
werden können. Kevin und Silvia besichtigen nur die erste
und teilweise die zweite Reihe der Höhlen, dann liefen
Silvia wegen grundsätzlicher Angst und Kevin wegen
seiner Höhenangst zurück. Gut, das sie selber wissen,
was sie sich noch zumuten können und ggf. umdrehen.
Robin und ich sind selbstverständlich alle fünf Reihen
hinaufgeklettert und haben jede einzelne Höhle besichtigt.
Der Ausblick von ganz oben über die Bucht ist herrlich,
wie auch auf dem nächsten Foto gut zu sehen ist.

Wir klettern wieder runter und suchen uns einen schattigen
Platz unter ein paar Bäumen. Die Jungs u. ich ziehen uns um
und gehen schwimmen. Nur Silvia nicht, weil sie Angst hat
sich nach dem Schwimmen nicht mehr mit Süßwasser duschen
zu können. Kevin der alte "Schlamper" hat natürlich seine
Badehose vergessen. Glücklicherweise habe ich immer zwei
dabei, so konnte ich ihm eine von mir ausleihen, auch wenn
die Kevin ein klein wenig zu groß war. Das Wasser war
herrlich erfrischend und anschließend waren wir richtig gut
erholt. Auch unser Alkoholpegel senkte sich deutlich ab.
Wir fanden am Strand einen einfachen Bretterverschlag mit
drei funktionierenden Süßwasserduschen, die wir gern nutzten.

Zurück zum schattigen Platz unter den Bäumen und ein paar trockene Klamotten angezogen packten wir dann unsere Lunchpakete aus. Zuerst einmal etwas aus der Wasserflasche trinken und dann die leckeren Wurstdosen öffnen. Die Wurst in zwei Zentimeter dicke Scheiben schneiden und in die frischen aufgeschnittenen Brötchen legen. Das war ein echter Hochgenuss, nach dem vielen Alkohol vor dem Essen, der Klettertour, so wie dem erfrischenden Schwimmen im Meer. Danach aßen wir die Äpfel und ein paar Kekse u. zum Schluss tranken wir die, immer noch kühle, Orangenlimonade mit Saft. Da wir ordentlich erzogen wurden, nahmen wir auf dem Rückweg zum Auto alle Abfallstoffe mit und entsorgten diese.

Wir fuhren den gleichen Weg zurück und bogen nach Festos ab, um dort die Ausgrabungsstätten Phaistos und die höchste und schönste Aussichtsterrasse von Kreta zu besuchen.

Wir fanden sofort hin und konnten auf den freien Parklätzen unser Auto sogar im Schatten unter den großen Bäumen abstellen. Vom Parkplatz bis zur den Ausgrabungsstätten oder der Aussichtsterrasse sind es nur rund zweihundert Meter zu laufen. Der Name Phaistos stammt aus einer bronzezeitlichen minoischen Siedlung auf dieser Insel. Sie lag in der Nähe der südlichen Küste von Kreta, im zentralen Teil der Insel, auf einem Höhenrücken über der fruchtbaren Messara-Ebene. Die heutigen Ruinen des Palastes von Phaistos bildeten auf einer Fläche von achttausendvierhundert Quadratmeter einst den zweitgrößten minoischen Palast von Kreta, nach dem von Knossos. Unweit von Phaistos wurde in etwa zwei Kilometern nordwestlicher Richtung, auf einem Nachbarhügel eine weitere kleine minoische Palastanlage gebaut. Die zwei Paläste waren durch einen einfachen gepflasterten Pfad miteinander verbunden. Nur sechs Kilometer entfernt von Phaistos in nördlicher Richtung befand sich zur damaligen Zeit der antike Hafen der Siedlung.

Gegen eine relativ hohe Gebühr von acht Euro pro Person kann die Ausgrabungsstätte besichtigt werden. Seit dem neunzehnten Jahrhundert wurden die Ausgrabungen an den Palästen und im Hafen durchgeführt. Aktuell gehen die Spezialisten davon aus, das schon viertausend Jahre vor Christi Geburt die Gegend der Messara-Ebene und die um Festos zur späten Jungsteinzeit besiedelt war. Nach einer Sage wurde die Stadt Phaistos von König Minos gegründet und nach einem Sohn oder Enkel des Herakles benannt, der von Idomeneus, dem Enkel von Minos und späteren König von Kreta, getötet wurde. Der erste Herrscher über Phaistos soll Rhadamanthys, der Bruder des Minos, gewesen sein. Nach dem altgriechischen Dichter Homer nahm die Stadt unter König Idomeneus sogar am Trojanischen Krieg teil.

Zur Blütezeit der minoischen Kultur zwischen neunzehnhundert bis siebzehnhundert vor Christi Geburt entstand der der erste Palast von Phaistos. Dieser war ebenso bedeutungsvoll wie der von Knossos. Die Paläste wurden durch Brand und Erdbeben mehrfach beschädigt. Um das Jahr tausendsechshundert vor Christi Geburt wurde dieser sehr aufwendig neu gebaut. Der der neue Palast ist noch immer nicht ganz fertig gestellt. Parallel entstand der Palast von Agia Triada, der unweit von Phaistos noch imposanter errichtet wurde, so dass vermutet wird, dass es sich bei Agia Triada um den neuen Herrscher-Palast handelt, während sich in Phaistos das kulturelle und wirtschaftliche Zentrum befand.

Die sogenannte "Neupalastzeit" auf der Insel bestand von tausendsiebenhundert bis etwa tausendvierhundertdreißig vor Christi Geburt. Dessen Ende in dieser Epoche fällt mit der Eroberung der Insel durch die mykenischen Griechen tausendvierhundertfünfzig bis tausendvierhundertfünfundzwanzig vor Christi Geburt zusammen.

Weil die Zerstörung des Palastes von Phaistos durch eine Brandkatastrophe um das Jahr tausendvierhundertfünfzig vor Christi Geburt ausgelöst wurde, könnte es sein das dies durch die Handlungen des Krieges verursacht wurde. Denn in dieser Zeit wurden viele Palastanlagen auf der Insel Kreta zerstört. Es gibt aber auch Stimmen unter den Historikern die eine Umweltkatastrophe favorisieren, wie die eines Erdbebens oder einen Vulkanausbruchs, die zum Untergang der minoischen Kultur und dessen Palastanlagen geführt haben könnte. Was dazu allerdings nicht zusammen passt ist das Weiterbestehen des Palastes von Knossos bis zum Jahre tausenddreihundertfünfundsiebzig vor Christi Geburt. Weil Phaistos als herrschende Stadt über Südkreta von den Kryoneritis-Bergen bis hin zum Dikti-Gebirge und sein Hafen Kommos sicher Hauptangriffsziel der Achaier gewesen wäre. Nach dem Brand um tausendvierhundertfünfzig vor Christi Geburt wurde der Palast von Phaistos nicht wieder aufgebaut. Die Siedlung am Hang existierte jedoch in nachminoischer, geometrischer und klassischer Zeit weiterhin. Vermutlich wurde der Verwaltungssitz nach Agia Triada verlegt, wo ein Megaron eines Herrschers weitere kleinere Megara und ein Marktplatz errichteten. Nach dem Jahre tausendzweihundert vor Christi Geburt kam es auch auf Kreta zu einem allmählichen Untergang der mykenischen Kultur, die auf der Insel wohl als eine Mischform der Kultur der achäischen Einwanderer und der minoischen Einheimischen bestand. Ab zirka tausend vor Christi Geburt wurde Kreta vom griechischen Stamm der Dorer besiedelt. Aus diesem dunklen Kapitel der Geschichte gibt es weder für Phaistos noch für Griechenland wenig Überlieferungen. Zum Ende der geometrischen und Beginn der archaischen Zeit um siebenhundertfünfzig vor Christi Geburt entwickelte sich Phaistos wie auch andere griechische Städte zu einem bedeutenden Stadtstaat (Polis).

Schon im geometrischen Zeitalter, bis siebenhundertfünfzig vor Christi Geburt, standen über dem Westhof des ehemaligen minoischen Palastes Wohnbereiche, die die Ausgrabungen auch für die archaische Zeit bis fünfhundert vor Christi Geburt und die darauffolgende klassische Zeit bis dreihundertsechsunddreißig vor Christi Geburt belegen. Neue Straßen und Tempel entstanden siebenhundert Jahre vor Christi Geburt, darunter auch der Tempel der Göttin Rhea südlich des Mittelhofes des alten Palastes. Die Polis Phaistos beherrschten den Golf von Messara vom Kap Melissa bei Agio Pavlos bis zum Kap Lithino, das südlich von Matala liegt. Die damalige Grenze zur Hauptkonkurrentin, der Polis Gortyn verlief im Gebiet von Mires. In der folgenden Epoche der klassischen und hellenistischen Zeit von dreihundertsechsunddreißig bis hundertsechsundvierzig vor Christi Geburt war Phaistos Sitz eines kretischen Städtebundes. Um das Jahr hundertachtzig vor Christi Geburt wurde Phaistos durch die östliche Nachbarstadt Gortyn unterworfen, die in der folgenden Zeit ab siebenundsechzig vor Christi Geburt unter den Römern zur Hauptstadt Kretas wurde. Die Römer lösten die Stadtstaaten auf und Phaistos gab es nur noch als Siedlung im Schatten von Gortyns. Die ersten Ausgrabungen begannen im Jahre neunzehnhundert durch die Italienische Archäologische Mission auf Kreta unter Federico Halbherr und Luigi Pernier. Freigelegt wurden Teile des alten wie auch des neuen Palastes von Phaistos, wobei die meisten Gebäudereste zum neuen Palast gehörten. Einige der Bauten aus nachminoischer Zeit blieben erhalten, wie der griechische Rhea-Tempel und die Gebäude des oberen Hofes. Ganz besonders wertvolle keramische Stücke wurden in das Archäologische Museum in Iraklio überführt u. dort ausgestellt.

In den Jahren neunzehnhundertfünfzig wurden die Ausgrabungsarbeiten von Doro Levi weiter durchgeführt. Er konzentrierte und untersuchte vor allem den alten Palast und Bereiche der Stadt.

Ab neunzehnhundertsiebzig lag das Augenmerk auf die Freilegungsarbeiten der Umgebung des Palasthügels von Phaistos, an dessen Abhängen nach der Zerstörung des Palastes minoische, geometrische und hellenistische Häuser gebaut wurden. Leider sind die Ausgrabungen bis heute nicht abgeschlossen. Trotzdem wurde der Palastbereich der Öffentlichkeit zur Verfügung gestellt. Aus dem ehemaligen Standquartier der Archäologen, der oberhalb der Palastanlage liegt, entstand ein Touristenpavillon für die Besucher.

Sicherlich kann man sich diese vielen interessanten geschichtlichen Ereignisse nicht wirklich merken, aber wenn man sich schon auf so einem historischen Gelände bewegt, dann sollte man sich ein wenig Zeit nehmen und wenigstens diese interessanten Kapitel der Geschichte von Kreta lesen.

Es war anstrengend und ermüdend, bis wir wieder aus der Ausgrabungsanlage in Phaistos, durch den einfachen Holzeingang mit seinen wunderschönen rosafarbenen Blüten, uns bewegen. Alle freuen sich schon riesig auf ein kühles und erfrischendes Getränk in dem Cafe mit der fantastischen Aussicht. Die zwei Jungs und ich bestellten uns ein großes kühles Bier, Silvia orderte einen Mango-milchshake. Ganz alleine auf dieser einfachen überdachten Terrasse genossen wir die kühlen u. erfrischenden Getränke. Diese Aussicht und Fernsicht von der Terrasse ist wirklich fantastisch. Zum einen sieht man wunderschöne grüne und gepflegte Olivenbaumplantagen mit den großen Bergen im Hintergrund, zum anderen leichte begrünte Hügel und dahinter große Bergzüge, die bis in die Wolkendecke ragen. Für mich war diese Aussicht, zusammen mit der Sicht von der Kloster-anlage Moni Agia Irini, die schönste Kulturlandschaft von unserer bisherigen Tour auf der Insel Kreta. Leider war es schon sehr spät und wir wollten noch mit dem Tageslicht zurück zum Hotel fahren.

Aus diesem Grund mussten wir leider die Rückfahrt antreten. Wir fuhren die gleiche Strecke zurück, wie wir angereist waren, nur dieses Mal blieben wir auf der roten Schnellstraße 97 auch zwischen Agia Varvara bis Heraklion und dann rechts ab auf die rote Schnellstraße 90 bis kurz vor unserem Ort Gouves in unser Hotel "Aphrodite Beach Club". Robin fuhr uns gut und sicher nachhause, vor allem aber schnell. Weil wir uns nur auf den großen Schnellstraßen bewegten und keiner Navigation mit Kevins Handy über die Schotter- und Dreckpisten folgten. Für den, der Kreta wirklich erleben möchte, sind aus unserer aller Sicht, gerade die Off-Road Wege der interessante landschaftliche Teil der Insel, den wir nicht missen wollten.

Als erstes geben wir unseren gelben Kleinwagen an den Autoverleih wieder zurück, natürlich nach dem getankt wurde. Die Chefin fragte uns, ob die Klimaanlage in Ordnung war. Wir lobten das kleine Auto, denn es gab dieses Mal nichts zu bemängel. Auch war unser Mietauto nicht ganz so dreckig wie vom Strand von Balos.

Uns reichte es noch für eine erfrischende Dusche auf dem Zimmer und mit ein paar frischen Klamotten liefen wir zum Restaurant und ließen den Abend noch mit einem guten Essen und den entsprechenden Getränken ausklingen. Alle waren relativ erschöpft von den vielen Informationen und Erlebnissen des Tages, so dass wir alle relativ früh ins Bett gefallen sind.

Der nächste Tag verlief im Hotel wieder ganz nach den Vorstellungen von Silvia, frei nach dem Motto, ausruhen, nichts tun, relaxen, gut essen und trinken. Die Pausen zwischen den Tagesausflügen waren bei den Temperaturen recht gut angebracht, so konnten sich alle wieder etwas erholen. Denn bei den Temperaturen und dem unbekannten Terrain kostet das doch immer ganz ordentlich Kraft und Nerven.

Am nächsten Morgen, verspürte ich den Drang mich etwas zu bewegen und so machte ich mich auf den Weg, um die Ortschaft und die umliegenden Hotels ein wenig zu erkunden. Außerdem wollte Yvonne ein paar Fotos von der Hotelanlage und der näheren Umgebung von unserem Urlaub haben. So lief ich, bewaffnet mit dem Handy, erst im Hotel und anschließend aus dem Hotel Richtung Marina und dem anschließend schönen Sandstrand, weiter Richtung Landesinnere. Dabei schoss ich hier und da immer wieder Fotos von der Umgebung meines Weges. Im großen Bogen lief ich durch die fünf Sterne Hotels bis zum Ortsende, um auf dem Rückweg durch die ganze Ortschaft wieder zu unserem Hotel zu gelangen. Zum Mittagessen erreichte ich wieder unser Hotel und die drei Stunden Weg, ohne Trinken, ließen ihre Spuren bei mir zurück. Kurze Dusche und nochmal in unserem schönen Süßwasserpool eine Runde schwimmen. Dann traf ich die ganze Familie an der Wasser-Bar und gesellte mich dazu, um auch ein frisches Bierchen und ein Glas Kola-Whisky zu trinken. Denn schließlich hatten wir Urlaub und zudem noch ein gutes Hotel mit Allinklusive gebucht. Das sollte doch zumindest an den Tagen im Hotel genutzt werden. Ich konnte auch am Stand mit dem italienischen Eis nicht einfach so vorbei gehen, ich musste schon eine große Kugel Pistazieneis mitnehmen. Die ganze Familie saß nun im Wasser an dieser schönen Bar mit dem doppelten Strohdach, so dass ein wenig der Flair von Afrika und der Karibik entstand. Wir plauderten untereinander und den anderen deutschen Gästen an der Bar. Interessanter Weise waren zu dieser Zeit nur deutsche Gäste und eine Schweizer Familie mit ihren deutschen Großeltern in der Hotelanlage. Es gab interessante Gespräche und Diskussionen, so dass wir fast das Mittagessen verpassten. Durch die zuckerhaltigen Getränke und das Eis hatte sowieso keiner wirklich Hunger auf ein Mittagessen. Aber es war bezahlt und als guter Schwabe geht man dann natürlich zum Essen.

Frei nach dem Motto, "lieber den Magen verrenkt, als dem Wirt was geschenkt". So ist das bei uns im Schwabenländle. So wurde es ein ganz entspannter Hoteltag und nach dem Abendessen spielten wir Karten. Das sorgte wieder ein wenig für Anspannung, denn es war ein ganz neues Kartenspiel namens "Wizard", das noch keiner kannte. Es war spannend und kurzweilig, aber Robin und ich neigen dazu nicht gut verlieren zu können u. so bauten sich kleine Spannungen auf. Silvia verstand das Kartenspiel eigentlich nicht gewann aber die zweite Runde, nachdem Robin die erste gewonnen hatte.

Der nächste Tag verlief noch entspannter, doch Kevin war nach dem Frühstück nicht mehr zu finden. Bis unsere Nachbarn, die in Esslingen bei der Polizei arbeiteten uns erzählten, dass sie Kevin drei Ortschaften weiter aufgegabelt hatten und ihn mit ins Hotel zurück nahmen. Zum Mittagessen erzählte uns Kevin von seiner spontanen Tour zu Fuß.

Langsam bekamen wir Routine und holten am Abend unser Auto vom Händler. Diesmal bekamen wir einen grünen Kleinwagen, der uns ebenfalls wieder sehr sauber übergeben wurde. Bestellen im Hotel unsere Lunchpakete ....

Da wir ja noch lernfähig sind, starteten wir am nächsten Morgen wieder sehr früh mit unserer geplante Tagestour. Alles war gepackt und startklar, sogar Kevin hatte an seine Badehose gedacht. Unser erstes Ziel war das Lasithi Hochplateau und die Zeus Höhle. Dazu fahren wir auf die Schnellstraße 90 in Richtung Agios Nikolaos und nach ein paar Kilometer bei Koutouloufari bogen wir rechts ab auf die gelbe Straße in Richtung Agios Antonios. Die Straße führt uns direkt an einen künstlichen Stausee vorbei, in dessen Mitte am Ufer noch ein Teil der verfallenen Hausreste eines Dorfes aus dem Wasser ragen. Wir machen dort einen kurzen Fotostopp, um den langen See in seiner grünen Umgebung zu fotografieren.

Dann fahren wir die Kurven weiter bis zu dem Dorf Pinakiano, unterwegs halten wir immer wieder an um die wunderschöne Ebene mit dem See zwischen den hohen Bergen zu bestaunen und zu fotografieren. Der Ort liegt ungefähr auf neunhundert Meter über dem Meer. Unterwegs machen wir einen Zwischenstopp auf dem Parkplatz des Restaurants und "Homo Sapiens Museum", dies ist sehr leicht an den sechs einfachen weißen Windmühlen und den vielen Plakaten zu erkennen. Auch von hier ist die Sicht auf das Tal und den See wunderschön.

Da das Museum "Homo Sapiens Museum" noch nicht geöffnet war und wir dies auch nicht auf unserem Tagesplan hatten, schauten wir dort nicht hinein. Wir können deshalb leider keine Bewertung dazu abgeben. Aber von außen macht es einen interessanten Eindruck und es wird wohl einiges in dem Museum über die Zeiten des Homo Sapiens, der hier auf Kreta lebte gezeigt. Dies sind vor allem viele praktische und gut erhaltene Fundstücke oder Nachbildungen die das kleine Museum liebevoll herstellte und für die Gäste ausstellt.

Alle stürmen die Toiletten, die wir freundlicher Weise im Restaurant benutzen durften, als wir alle um das Auto standen und einen Schluck aus der Wasserflasche nahmen, hörte Robin aus dem Motorraum des Autos ein Blubbern und Zischen. Ich öffnete die Motorhaube und sah wie das Wasser im Kühlwasserüberlaufbehälter kochte. Wollte den Behälter vorsichtig öffnen und drehte langsam am Schraubverschluss, da dampfte das Wasser mit vollem Druck aus den kleinen Schlitzen des Kunststoffgewindes des Kühlwasserbehälters. Blitzartig drehte ich wieder zu und sofort hörte es mit dem Dampf auf. Robin entdeckte nun auch noch viel Wasser unter dem Motorraum des Autos und eine lange Wasserspur von der Straße zu unserem Parkplatz. Das war eindeutig von unserem Auto, zumal wir die einzigen Gäste auf dem schönen Teerparkplatz des "Homo Sapiens Museum" mit der Gaststätte waren.

Dann folgte eine heftige Diskussion in der Familie, Silvia schob dabei am meisten Panik und brachte dies lautstark zum Ausdruck, Robin diskutierte mit und Kevin hielt sich im Hintergrund und dachte sich vermutlich, las mal die anderen machen. Ich überlegte und gab dann meine Meinung kund. Entweder wir schieben so viel Panik wie Silvia, dann rufen wir den Autoverleiher an und der soll uns ein neues Auto bringen oder wir fahren einfach weiter. Denn ich denke das Kühlwasser ist ohne Öl, also nur Kondenswasser von der Klimaanlage, was kein Wunder ist, weil wir mit hoher Geschwindigkeit die steilen kurvigen Serpentinen mit vier Personen, bei über dreißig Grad im Schatten, mit einem siebzig PS Auto hinauf gefahren sind. Da arbeitet die Klimaanlage mit voller Leistung und verliert so viel Kondenswasser. Und das bei den Leistungsabrufen und der Temperatur das Kühlwasser sehr heiß wird ist auch selbstverständlich. Da wir kein Kühl-wasser verlieren, denn sonst wäre der Kühlwasserkreislauf mit seinem Kühlwasserüberlaufbehälter nicht so voll, schlage ich vor wir fahren einfach weiter, bevor wir uns beim Autovermieter noch lächerlich machen und der uns seine Leistung womöglich noch in Rechnung stellt. Außerdem würde unser geplanter Ausflug nicht mehr so stattfinden wie wir es ursprünglich geplant hatten. Kevin und Robin konnten meinen Ausführungen folgen und waren mit meinem Vorschlag einverstanden, aber Silvia bruttelte erst mal und schrie vor lauter Panik und Angst herum. Wenn das Auto explodiert und wir deshalb die Klippen abstürzen, dann sind wir alle tot und ich will dafür nicht die Verantwortung übernehmen. Ich musste nun leider etwas grinsen, weil ich wiedermal feststellte dass Silvia absolut kein technisches Verständnis hat und schon gar nicht das für ein Auto. Durch mein Grinsen schaukelte sich Silvias emotionale Stimmung noch weiter auf und sie zauberte alle ihre schwäbischen Schimpfwörter aus dem Köcher, die ihr gerade so einfielen.

Ich konnte das nun nicht mehr ernst nehmen und schlug vor, die dreiviertel Mehrheit beschließt weiterfahren. Da sprang Robin und Kevin schon in das Auto, nur Silvia bruttelte unentwegt wegen der Lebensgefahr weiter, stieg aber glücklicherweise trotzdem ins Auto ein.

Alle waren ruhig als Robin los fuhr, nur Silvia konnte sich immer noch nicht beruhigen und bruttelte weiter vor sich hin, aber weil keiner mehr darauf reagierte, wurde sie immer leiser, bis sie das Meckern schließlich ganz einstellte. So konnten wir uns wieder auf die Route konzentrieren, Kevin zauberte wieder sein erstes Bier aus seinem Rucksack und genoss dies in Ruhe. Wir erreichten auf den kleinen gelben Straßen fast schon das Hochplateau, als wir vor uns die vielen Windmühlen sahen. Wir hielten gleich rechts auf einer Ausbuchtung, oder besser gesagt einem Schotterparkplatz an, um die Windmühlen etwas näher zu betrachten und zu fotografieren. Silvia, Kevin und Robin hatten keine Lust und blieben lieber am Auto stehen und warteten dort auf mich. Aber mich begeisterten diese schönen und sehr einfachen, auf gemauerten Naturstein-fundamenten errichteten Windmühlen, mit ihren kleinen weißen Stoffsegeln. Ich lief weiter in die Anlage, die aus vielen aneinander gereihten Windmühlen, auf den Felsen Richtung des Tals angeordnet waren. Auf großen Tafeln wurden die "Windmühlen vom Lasithi Hochplateau" schön dargestellt und das wesentliche dazu bildlich erklärt.

Es handelt sich genauer gesagt um die Venezianischen Windmühlen am Ambelos Pass. Der fruchtbare Ackerboden der Hochebene wird im Frühjahr durch die Schneeschmelze der hohen umliegenden Berge überflutet. Das Wasser sammelt sich in sogenannten Kalksteinkavernen. Der einzige Abfluss ist die Kaverne des Chonos im Westen der schönen Hochebene.

Wurde dieser Abfluss blockiert, konnte die Hochebene im Frühjahr, zur Schneeschmelze oft wochenlang unter Wasser stehen, was anschließend die Getreideernte ruinierte. Weil die Hochebene so weit oben liegt, gedeihen hier weder Ölbäume noch der wichtige Johannisbrotbaum. Viele Bewohner besitzen deshalb Ölbäume u. Johannisbrotbäume in den tieferen Lagen, wohin in den kalten Wintermonaten auch die Tierherden gebracht werden. Weil in der Hochebene Lasithi zwischen den Bergen heftig Schnee fällt. Erst neunzehnhundertzwanzig wurden die Windmühlen für die Bewässerung eingeführt, vorher waren handbetriebene Ziehbrunnen, sogenannte gerani im Einsatz. Im Zuge der Einführung von Windmühlen wurden auch erstmals Kartoffeln auf den Feldern des Hochplateaus angebaut. Zuvor wurden auf dem Boden der Hochebene nur trockenheitsresistentere Getreidesorten, vor allem Weizen und Hülsenfrüchte angebaut. Erst im Jahre neunzehnhundertfünf-undsechzig waren alle Gemeinden der Hochebene an das öffentliche Elektrizitätsnetz angebunden, davor gab es nur Öl-lampen zur Beleuchtung der Wohnungen, Ställe und Häuser.

Heutzutage dienen die charakteristischen Windmühlen mit ihren kleinen weißen Stoffsegeln nur noch als Touristen-attraktion. Die Arbeit der vielen Windmühlen wird nun von Wasserpumpen, die mit Dieselmotoren betrieben werden, geleistet. Nach dem Einsatz der Windmühlen veränderte sich damals erstmals das Landschaftsbild auf der Hochebene Lasithi und diese erschien in einem Bild von großen saftigen Wiesen mit vielen Margeriten.

Meine Familie drängte u. ich hatte nur wenig Zeit um mir alles von den Windmühlen anzuschauen. Sie winkten mir immer heftiger zu, so lief ich letztendlich zum Auto zurück und die Autofahrt verlief weiter über die Lasithi Hochebene zu der Zeus Höhle, dessen Anfahrt übrigens einfach, aber gut beschildert ist. Die Hochebene ist eine herrliche Augenweide.

Wir sehen das erste Mal die plane Hochebene von Lasithi
und sind alle restlos begeistert. Das Plateau liegt wunderschön
zwischen den Bergen und ist im Wesentlichen ein Meer aus
gelben Ackerland mit vereinzelt grünen Bäumen dazwischen.
Man kann sich auch gut vorstellen, warum diese fruchtbare
Ebene schon so früh bewohnt wurde. Denn zu dem guten
u. leicht zu bearbeitenden Boden, bietet die Hochebene auch
einen guten Schutz, weil sie von außen nicht einsehbar ist.
Das waren sicherlich die wichtigsten Gedanken der ersten
Siedler, die sich auf dem Hochplateau von Lasithi nieder
ließen. Die Hochebene umfasst eine Fläche von etwa hundert-
dreißig Quadratkilometer und auf dieser Leben über drei-
tausend Menschen. Die Ebene besteht aus einer lokalen
Selbstverwaltung mit elf Ortsgemeinden. Die Karstebene
liegt durchschnittlich auf achthundertdreißig Meter über
dem Meeresspiegel und der Kalkstein-Hügel Kephala teilt
die Ebene in zwei Teile. Da liegt Kampos im Westen und
das trockene und steinige Xero-Kampos im Osten. Der Fluss
Megalos Potamos fließt durch die Chavgas Schlucht im Süd-
osten nach Lasithi, um im Westen im Chonos zu verschwinden.
Später tritt er bei Lyttos wieder zu Tage. Unter dem Boden-
auftrag am Rande der Ebene fand der amerikanische
Altertumsforscher Livingston Vance Watrous aus den USA
in Kaminaki Minoische Scherben in eineinhalb Meter Tiefe.
Der Zugang auf das Hochplateau erfolgt im Norden nur über
den neunhundert Meter Ambelos-Pass und im Osten durch die
Schlucht des Potamos und den tausend Meter hohen Selia-Pass.

Im Jahre fünfzehnhundertzweiundachtzig lebten auf der
Lasithi Hochebene knapp über tausend Menschen, die sich
auf vierzig kleinen Dörfern verteilten. In der Hochkonjunktur
im Jahre achtzehnhundertsiebenunddreißig lebten sogar über
fünftausend Menschen in siebzehn Dörfern auf der Hochebene.
Wegen der vielen Überschwemmungen, zu dieser Zeit in der
Hochebene, wurden die Dörfer ausschließlich am Rand gebaut.

Zur geschichtlichen Besiedlung lässt sich sagen,
dass die Ebene im ausgehenden Neolithikum erstmals
Bewohnern ansiedelten. Diese bewohnten die höheren
Hänge, die damals noch mit Wald überzogen waren. Dort
wuchsen unter anderem großflächig Maccia, dies ist ein
immergrünes Gebüsch, das bevorzugt in der mediterranen
Hartlaubvegetationszone vorkommt. Die Hänge wurden
vermutlich zur Beweidung durch Ziegen und Schafen genutzt.
In der Höhle von Trapeza wurden aus dieser Zeit Skelette
von Ziegen gefunden, die dies belegen können. Aus weiterer
Höhlen und Erdfunden wurden aus dieser Zeitepoche auch
Tierknochen von Hausrindern, Schafen und Ziegen, so wie von
Schweinen und Hunden gefunden.

Aus Kastellos und einer kleinen Höhle in Skaphidia sind
endneolithische Bestattungen bekannt geworden. Das
keramische Inventar wird von großen Krügen bestimmt,
die Archäologen mit der Milchwirtschaft und Käseherstellung
in Verbindung bringen. In einer Höhe von sechshundert Meter
fanden Archäologen aus der spätminoischer Zeit Olivenkerne.

In der Herrschaft der Venezianischen Zeit wurde vorwiegend
Getreide in der Hochebene angebaut und die Errichtung von
Häusern in der Plateauebene bei hoher Strafe verboten.
Wurden dennoch Häuser errichtet, gab es hohe Geldstrafen,
die Häuser wurden wieder abgerissen und im schlimmsten
Fall wurden den Gesetzesbrechern ein Fuß abgehackt. Dies
geschah, weil die Venezianer das Getreide für den Krieg,
zur Versorgung ihrer Truppen, gegen die Türken dringend
benötigten.

In der späteren Entwicklung der Hochebene gab es immer
wieder neue Bestimmungen durch neue Herrschaften,
die diese fruchtbare Ebene für ihre Zwecke nutzen wollten.

Auf der Fahrt zur Zeus Höhle entdecken wir noch einen schönen, kleinen traditionellen Friedhof, den Silvia unbedingt dokumentiert haben will, weil sie aus irgendeinem Grund an Friedhöfen der Kulturen außerhalb von Deutschland Gefallen findet.

An der Zeus Höhle angekommen, genießen wir die Sicht von dem kleinen geteerten Parkplatz für die Gäste. Hier haben sich findige Geschäftsleute angesiedelt, die den Gästen Obst und warme Speisen im Restaurant verkaufen. Kaum haben wir das Auto verlassen, da kommt schon einer, der für den Parkplatz abkassieren will. Ich hatte keine Lust auch noch für den Parkplatz Geld zu bezahlen, zumal der Eintritt zur Zeus Höhle recht teuer ist. Aus diesem Grund sind Robin und ich ein paar Meter die Straße zurück gefahren und haben dort in einer Seitengasse das Auto abgestellt und sind anschließend zurück zu Silvia und Kevin gelaufen. Kevin nutzte das kurze Zeitfenster und organisierte sich eine kühle Dose Bier, die er fast leer hatte, bis wir eingetroffen waren.

Danach folgte der steile und sehr steinige Aufstieg zur Höhle. Robin und Kevin fragten nach dem Weg und ihnen wurde die Richtung gezeigt. Silvia war am Fluchen über den miserablen Weg, der eigentlich nur aus großen einzelnen Steinen bestand, die teilweise lose waren oder sogar fehlten und es Löcher gab. Kevin und ich stiegen schnellstens den Berg hinauf, um aus dem Kreis der total erschöpften und meckernden Silvia zu gelangen. Robin bildete den Schluss mit Silvia und half ihr den Weg zu meistern und tröstete sie in ihrem Zustand.

Letztendlich sind wir an der Zeus Höhle angekommen und wollten die Eintrittskarten kaufen. Die Jungs zeigten ihre Studentenausweise und wir meldeten uns als Rentner an. Die Frau an der Kasse, mittleren Alters betrachtete unsere Söhne und sagte ihr seid doch keine Studenten.

Robin antwortete, selbstverständlich sind wir Studenten und zeigte mit dem Finger auf den Studentenausweis der noch zwei Jahr gültig war. Erbost verlangte die Frau die Personalausweise der beiden, schaute sich zwei Minuten die Ausweise an und verglich die Daten der Personalausweise mit den Studentenausweisen, konnte natürlich nur feststellen das alles stimmte. Da konnte sie nichts dagegen machen, aber dann kam ihr die zündende Idee, ihr seid beide über fünfundzwanzig Jahre, da gibt es in Griechenland keinen Rabatt mehr auf Studentenausweise. Wir versuchten noch zu diskutieren, aber die Frau blieb stur. Am liebsten hätte ich zu diesem Zeitpunkt umgedreht und wäre weiter gefahren, denn ich fand das sehr unfreundlich von dieser Frau, die Jungs nicht als Studenten anzuerkennen und den reduzierten Preis zu geben, zumal sie sogar alle Dokumente bei sich hatten. Dann fragte uns die unhöfliche Frau, wie alt sind sie und ihre Frau, ich sagte schnell sechzig Jahre und seit zwei Jahren in Rente. Was beides nicht stimmte, aber sie hat mich so aufgeregt, dass ich sehen wollte wie sie dies ablehnt. Zeigen sie ihre Ausweise. Die haben wir leider nicht dabei, weil wir nur Beifahrer sind. Sie überlegte wieder eine Minute und meinte, sie bekommen keinen Rabatt als Rentner, weil in Griechenland die Leute erst mit fünfundsechzig Jahren in Rente gehen. Ich erwiderte und widersprach, ich habe gelesen, dass die meisten Griechen zwischen fünfundfünfzig bis sechzig Jahren in Rente gehen. Dann sagte die Frau ganz erbost, sie kriegen alle keinen Rabatt, denn sie haben genug Geld um den normalen Eintrittspreis zu bezahlen. Das fand ich so unverschämt und wollte mich gerade richtig aufregen und meinen Tonfall von freundlich auf Krawall zu legen, da sagte Robin zu mir, Papa lass es, das hat keinen Sinn bei der verbitterten Frau. Dann bezahlte ich die vierundzwanzig Euro Eintrittsgeld für uns vier und wir besuchten die Zeus Höhle. Wir mussten mit dem Mund-Nase-Schutz in die Höhle, obwohl in der Höhle maximal acht Personen auf der großen Fläche verteilt unterwegs waren. Wir alle fanden das ein wenig übertrieben, denn der Abstand zu den nächsten Besuchern war deutlich mehr als zwanzig Meter. Aber am Eingang stand eine junge gutaussehende Frau, die dies streng überwachte. Also zogen wir alle unseren Mund-Nase-Schutz auf und stiegen hinab in die Zeus Höhle. Der Eingang war eigentlich nur ein großes Loch das in den Fels nach unten hinein ragte und mit ein wenig Grün bewachsen war. Der Komplette Weg war mit Stufen betoniert und einfachen Handläufen aus gestrichenem Rundstahl gesichert. Die Höhle mit ihren Stalaktiten und Stalagmiten war nicht besonders groß oder besonders schön, aber die Geschichte dazu war sehr interessant. Silvia und den Kindern hat die Höhle sehr gut gefallen, vielleicht fehlte mir auch nur die Antenne dafür, weil ich mich über die böse Frau an der Kasse immer noch innerlich aufgeregt hatte. Ich war schon so oft in Griechenland, auf dem Festland, an der Küste von der Türkei bis Chalkidiki mit allen drei Armen, im Großraum Thessaloniki, komplette Umrundung der Peloponnes und mehrfach in Olympia und Katakolo, mehrfach in Athen und Piräus, mehrfach auf Kreta, besuchte die Inseln Santorin, Kos, mehrfach Rhodos, Paros, Naxos, Mikonos, mehrfach Zypern, mehrfach Korfu und weitere schöne Inseln von Griechenland, aber so etwas unfreundliches ist mir noch nie vorgekommen. Ich kenne die Griechen als gelassene, ruhige, zuvorkommende und sehr freundliche Menschen, die Ausländern sehr gerne helfen und ihr Land zeigen. Das ist auch ein Grund, warum ich u.a. immer wieder gern nach Griechenland reise, ich mag die Menschen und ihre Art sehr gern. Zwischendurch überlegte ich mir, vielleicht war das keine Griechin an der Kasse und mein Weltbild würde wieder stimmen. Egal, ich sollte mir nicht zu viel den Kopf darüber zerbrechen, denn schließlich haben wir Urlaub und wir sollten uns freuen, dass wir dies trotz der COVID-19 dürfen.

Die Zeus Höhle, die eigentlich die Höhle von Psychro heißt, war früher eine wichtige Kultstätte der Minoer, was auch durch Funde belegt werden kann, die bis zweitausendachthundert Jahre vor Christi Geburt zurück reichen.

Mit diesem Kult steht vermutlich der griechische Mythos in Verbindung, nach dem Zeus in dieser Höhle geboren wurde und ihn Amaltheia und die Kureten versorgten.

Die Zeus Höhle wurde als die mythische Höhle identifiziert, die im Altertum Diktaion Antron, "Diktäische Höhle" genannt wurde. Die Kinderstube des Zeus, dem obersten olympischen Gott der griechischen Mythologie liegt im Ida-Gebirge in der "Idäischen Grotte". Zeus war mächtiger als alle anderen griechischen Götter zusammen und über ihm stand nur das personifizierte Schicksal seiner Töchter, die Moiren. Auch er musste sich ihnen unterwerfen. Ein guter Vergleich ist Zeus zu der römischen Mythologie des Jupiters.

Nach dem Bericht des Hesiod über die Geburt des Zeus: "Dorthin, nach Kreta brachte Gaia durch schwarze Nacht ihren neugeborenen Zeus schnell nach Lyktos, nahm in die Arme auf ihn und barg ihn in tiefer Höhle, unterhalb der auf dem bewaldeten Berge Aegaeon ihr heiligen Orte, ···".

Bei den Apollodor wird dieser Bericht dahingehend erweitert, dass der junge Zeus der Sorge der Kureten und der Töchter des Melisseus "Honigmann", den Nymphen Adrasteia und Ide, übergeben wurde. Die Nymphen nährten den Säugling mit der Milch der Amaltheia, während die Kureten den Knaben bewachten und laut mit ihren Speeren gegen die Schilde schlugen, um so das Schreien des Neugeborenen zu übertönen, damit er nicht von seinem Vater Kronos gefunden werde, der ja beabsichtigte, den Sohn zu verschlingen.

Nach Athenaios wurde die Erzeugung von Lärm durch das laute Grunzen einer Sau besorgt, an deren Zitzen sich der junge Zeus ernährte. Aus diesem Grund ist das Schwein für die Kreter ein heiliges Tier, und kein Kreter ist bereit Schweinefleisch zu essen.

Außer dieser Sage über die Geburt des Zeus spielt die diktäische Höhle auch noch in dem Bericht über die Entführung der Europa bei Lukian von Samosata eine Rolle. Dort findet die göttliche Vermählung zwischen Europa, der phönizischen Königstochter, u. ihrem Entführer von Zeus statt.

Erst im Jahre achtzehnhundertachtzig fand ein Jäger in der Höhle die Bronzestatuette eines Stieres. Dadurch wurde eine Schatzsuche durch die Anwohner der umliegenden Dörfer ausgelöst, es wurden Bronzeobjekte und Tonstatuetten in der Zeus Höhle gefunden, aber ganz besonders viele im oberen Teil der Höhle. Durch das bekannt werden der Zeus Höhle und dessen erstaunlichen Funden veranlasste Joseph Hatzidakis, damals Präsident der Bildungsfreunde von Heraklion, und den italienischen Archäologen Federico Halbherr, sechs Jahre nach des Jägers Fund, die Höhle zu besuchen und eine informelle Grabung durchzuführen.

Die tatsächliche archäologische Erschließung der Höhle begann erst im Jahr achtzehnhundertfüfundneunzig. Bereits ein Jahr zuvor hatte der britische Archäologe Arthur Evans Lasithi besucht und von den Einwohnern einige Fundstücke aus der Zeus Höhle abgekauft. Zusammen mit seinem Kollegen John Linton Myres begann eine systematische Erforschung der Zeus Höhle. Als erstes wurden die oberflächennahen Schichten und die Spaltenräume der Stalagmiten erforscht, weil ein komplettes Abräumen der oberen Schichten, durch herab-fallendes Felsgestein , von ihnen nicht finanzierbar war.

Etwas später fand man in der Zeus Höhle einen zerbrochenen Stein mit Buchstaben darauf. Nach genauen Untersuchungen stellte sich heraus, dass es sich um ein Teilstück eines Opfertisches aus Speckstein handelte. Dieser besaß drei Höhlungen, die klassisch für die Verwendung von Trankopfer verwand wurde. Der französische Archäologe Joseph Demargne fand ein Jahr später bei seinen inoffiziellen Ausgrabungen weitere Stücke eines Opfertisches. Dieser aus dem gleichen Material bestand, aber nur aus einer Höhlung. Des Weiteren fand er Tongefäße und ein wertvolles goldenes Band.

Der Franzose Demargne arbeitete zusammen mit dem britischen Archäologen David George Hogarth in der Höhle an den Ausgrabungen weiter. Im Nachhinein wurden die Methoden des Briten stark kritisiert, weil er in der Zeus Höhle viel mit Sprengstoff und dem Einsatz von Schusswaffen gearbeitet hatte. Heutzutage würde kein Archäologe auch nur auf die Idee kommen, sich solchen Mittel in einer Ausgrabungsstätte zu bedienen.

Fast alle bekannten Funde aus den offiziellen und inoffiziellen Grabungen wurden von John Boardman im Jahre neunzehnhunderteinundsechzig zu einer Monografie zusammengestellt.

Alle Artefakte sind heute in verschiedenen Museen verteilt, so sind beispielsweise im Oxford Museum Ashmolean, im Pariser Louvre, im Londoner Britischen Museum und im Cambridge Fitzwilliam Museum, so wie in Heraklion im Archäologischen Museum und in Agios Nikolaos dem Archäologischen Museum Funde aus der Höhle ausgestellt.

In der Zeus Höhle ist die Luftfeuchtigkeit sehr hoch und wirklich kühl ist es in der Höhle auch nicht.

Deshalb ist es ratsam sich in der Höhle langsam und stetig zu
bewegen, um keine Problem mit dem Kreislauf zu bekommen.
Natürlich gilt das nicht für so junge und dynamische Menschen
wie unsere zwei Söhne, die vertragen so etwas noch sehr gut.

Wir verlassen die Höhle und laufen auf dem gleichen
Weg wieder zurück, da entdecken wir nach ein paar Metern
einen zweiten Weg, der nach unten führt. Dieser Weg ist
hervorragend betoniert und auf der Oberfläche sauber mit
Natursteinen verlegt. Silvia freute sich über den schönen
und leicht begehbaren Weg, zweifelte aber sehr, ob dieser
überhaupt zu unserem Ausgangspunkt führt. Falls das der
richtige Weg ist, meckerte sie natürlich gleichzeitig darüber,
dass sie den sehr schlechten unzumutbaren Schotterweg
zur Zeus Höhle laufen musste. Die Jungs meinten dazu nur,
wir hatten vor dem Aufstieg gefragt und uns wurde dieser Weg
genannt, wir sind auch das erste Mal hier und wussten es nicht
besser.

Beim Abstieg genießen wir nochmals ein paar Minuten
die wunderschöne Sicht auf die Hochebene von Lasithi.
Unten angekommen sehen wir als erstes ein paar sehr
gepflegte und schöne Esel, die mit bequemen Satteln für
den Transport der Touristen ausgestattet sind. Die meisten
Tiere stehen unter einem Regenschutz im Halbschatten.
Ein sehr freundlicher Grieche mit schwarzen Reiterstiefeln
und grauen Hosen, so wie einem dunkellilanen Hemd
versucht uns die Tour auf seinen Eseln schmackhaft zu
machen. Der Mann mit seinem dunklen Haaren und dem
grauen zotteligen Bart sieht mir aus wie ein echter Grieche,
auch das freundliche und nette Gemüht passt gut dazu.
Wir unterhalten uns kurz mit dem Herrn und erklären ihm,
dass wir gerade von der Zeus Höhle kommen und schon
alles gesehen haben. Wir bedanken uns und gehen weiter
durch das kleine Dorf, mit seinen schönen Restaurants.

Schließlich erreichen wir das Auto und fahren zu unserem nächsten Ziel, das ist der schöne, am Meer gelegen Ort Agios Nikolaos. Um dort hin zu gelangen fahren wir in östlicher Richtung die kleine gelbe Straße von der Hochebene hinunter. Hier kann man sich kaum verfahren, weil es nur eine geteerte Straße von der Hochebene in dieser Richtung nach Neapoli gibt. Auf der Fahrt vom Hochplateau gibt es wunderschöne Serpentinen, mit einem guten Belag, die Robin beim abfahren richtig viel Freude bereiten. Die kurvige Strecke würde so manch einen Motorradfahrer begeistern.

Kurz nach Neapoli biegen wir nach rechts ab, um auf der roten Schnellstraße 90 nach Agios Nikolaos zu gelangen. Die Fahrt dorthin ist sehr kurzweilig und durch die relativ gute Straße kommen wir gut voran. Auch unser Auto fährt sich prima, der Motor läuft rund u. die Klimaanlage kühlt gut. Aber mit unserem Zeitplan sind wir schon wieder sehr in Verzug geraten. Aus diesem Grund entscheiden wir uns den Ort Agios Nikolaos nicht zu besichtigen und direkt weiter auf der roten Schnellstraße 90 bis Ierapetra zu fahren. Trotzdem stoppen wir für einen kurzen Blick um auf die wunderschönen Badebuchten von Agios Nikolaos zu schauen. Ein paar Jungs ziehen mit ihren schnellen Jet-Skis ihre Runden in der Bucht, sicherlich auch um den jungen Frauen am Strand zu imponieren. Ich freue mich für die jungen Männer und dass sie sich daran so erfreuen können. Denn ich als alter Motorradfahrer kann dies sehr gut nachvollziehen. Kurz ein paar schöne Fotos schießen und schon geht die Fahrt weiter.

Kurz vor Ierapetra bekommt Kevin einen heftigen Bierdurst und so halten wir an einem Lidl an und ich besorge uns ein paar gekühlte Dosen Bier aus dem Kühlschrank, so wie heiße Cheeseburger für die Jungs und Silvia, die sie unbedingt essen wollten. Für mich kaufte ich einen traditionellen Sesamring, der hier auf Kreta sehr gern gegessen wird.

Auf dem überdachten Lidlparkplatz trinken wir das kühle Bier und essen dazu das mitgebrachte. Wir waren nicht die einzigen, die auf so eine Idee kamen, denn ein paar Autos weiter gab es wohl das gleiche, zumindest Bier und Burger. Kurz bevor wir weiter fuhren musste Kevin nochmals in den Supermarkt, um seinen Vorrat im Rucksack aufzufüllen.

Aus Zeitmangel mussten wir die Besichtigung von Ierapetra ebenfalls auslassen, weil es sonst zu spät wird. Wir fahren deshalb gleich weiter Richtung Milona und besuchen den Wasserfall. Dazu fahren wir in Ierapetra nach Osten auf der roten Straße, die direkt am Meer von Kreta entlang führt.

Weil Silvia und ich vor ein paar Jahren schon einmal in Ierapetra für zwei Wochen im Urlaub waren, fällt uns sofort alles wieder ein, auch die schönen Strände in dieser Gegend. Hier sind die Strände oftmals mit dunklem Sand oder ganz feinem Kies, es gibt aber auch schöne helle Sandstrände. So kann hier jeder nach seinem ganz persönlichen Geschmack etwas finden.

Die Einfahrt zum Wasserfall Milona befindet sich auf der linken Seite der Straße zwischen den Dörfern Koutsounari und Ferma. Sie ist einfach beschildert und liegt mitten in einer Kurve, man neigt dazu dies zu übersehen und vorbei zu fahren. Die Straße ist nicht geteert und etwas für die, die gern Off-Road mit dem Auto fahren.
Als Kevin die Straße, bzw. die Schotterpiste sah wurde er hellwach und freute sich, dass wir endlich mal wieder Off-Road fahren. Unser Fahrer Robin war auch ganz begeistert, nur Silvia fluchte wie ein Rohrspatz. Das ist bestimmt nicht die richtige Straße zum Wasserfall Milonas und davon geht das Auto kaputt. Die Steine schlagen schon wieder ans Boden-blech, wenn die Bremsen beschädigt werden und versagen,

hier kommen wir bestimmt nicht mehr raus, kein Mensch fährt so eine gefährliche Straße, ich steig gleich aus, ihr seid ja verrückt. Das war noch der Teil, denn man erzählen kann. Die Jungs und ich behielten die Nerven und so fuhren wir parallel der kleinen Schlucht, immer bergauf und bergab auf dem Schotter und Trampelpfad entlang. Teilweise setzte das Auto heftig auf und so gab Silvia wieder alles was sie ihr Sprachvokabular in Richtung Motzen hergab. Irgendwann mussten wir auch aussteigen, um mehr Bodenfreiheit in dem Kleinwagen zu haben, aber so leicht konnte uns hier Off-Road mäßig nichts mehr schocken, weil wir schon einiges auf der Kreta erlebt hatten. Wir waren gefühlt schon recht lange unterwegs, als wir an einer großen und breiten Linkskurve ankamen und auf der linken Seite ein Plakat über Milonas Wasserfall entdeckten. Wir stellten das Auto ab, schnappten unsere Rücksäcke mit den Lunchpaketen und den Badesachen.

Lasen das Schild durch und wanderten den roten Pfeilen nach, es ging im Prinzip querfeldein immer den Berg hinauf. Es war kein Weg und auch ein Trampelpfad sah besser aus. Silvia war in der Hitze und der Steigung schnell erschöpft, klar war, was uns nun wieder erwartete, nämlich das volle Programm. Ich nahm ihren Rucksack um sie zu entlasten und so stiegen wir immer weiter hinauf. Der Weg ist gefühlt sehr lang und auf den Schildern stand ab und zu eine Angabe der Entfernung in Metern. Leider schrieb irgendein Scherzbold von Hand vor der Angabe noch eine Eins. So waren es beispielsweise nicht achthundert Meter, sondern tausendachthundert. Ich erkannte das sofort, aber für Silvia war die enorme Strecke real und sie sah nur die tausendachthundert Meter, da gab es sehr wenig Spielraum sie zu überzeugen. Mehrfach wollte Silvia umdrehen, weil ihr der Weg viel zu anstrengend und zu weit war. Mit Engelszungen redeten wir auf sie ein und dann ging es wieder ein Stück.

to Milonas
Waterfall

Dann stießen wir auf eine betonierte alte U-förmige Wasserrinne, dieser folgten wir in linker Richtung. Auf, bzw. in der
Wasserrinne konnte man ganz gut gehen, nur ging es oftmals
auf der linken Seite sehr steil über die Felswände hinab. Ein
gewisses Maß an Schwindelfreiheit sollte vorhanden sein,
dieser Weg war deutlich einfacher als über die freie Botanik.
Die Rinne hatte eine Breite von zirka vierzig bis fünfzig
Zentimeter und war einigermaßen eben, nur ab und zu lag
heruntergefallenes Steingeröll darin. Nach ein paar hundert
Meter entlang der Wasserrinne kamen wir schließlich zum
Wasserfall. Es lief nur noch ein ganz kleiner Rinnsal den
Wasserfall hinunter. Ich dachte mir das schon und war
positiv überrascht, dass überhaupt Wasser hinunter lief.
Das Bett in dem normalerweise Wasser stand hatte ungefähr
einen Durchmesser von zehn Meter, heute war gerade mal
eine Fläche von knapp zwei Quadratmeter mit Wasser gefüllt.
Das kleine Becken hatte eine Tiefe von ungefähr fünfzehn
Zentimeter und war zum Schwimmen eigentlich nicht geeignet.

Wir standen vor dem Wasserfall und mussten alle lachen,
denn eigentlich wollten wir hier duschen und schwimmen.
Wir tranken erst mal ordentlich von dem frischen Wasser,
das den Wasserfall noch hinunter lief und duschten
anschließend ganz gemütlich. Das tat so richtig gut, denn
der Weg war nicht so kurz und es war heiß und Wind ging
in der Schlucht auch keiner. Es gab nur die Erfrischung unter
dem Wasserfall. Robin legte sich in das kleine Becken unter
dem Wasserfall und schon sprangen zwei Frösche flüchtend
davon.

Nachdem sich alle ausgiebig erfrischt hatten und Silvias
Nervenkostüm sich auch beruhigte, packten wir unsere
Lunchpakete aus und aßen mit großem Appetit. Tranken
das Waser, den Orangensaft und anschließend zum
Nachtisch noch einen frischen roten Apfel vom Hotel.

Wir wollten gerade gehen, da rief Kevin ganz freudig, ich habe noch eine Überraschung für uns und zauberte aus seinem Rucksack für jeden eine große kühle Dose frisches Bier heraus. Da sagte keiner nein und alle tranken gern das kühle Dosenbier. Silvia fragte, warum ist das in der Hitze noch so kühl. Kevin grinste und sagte, gewusst wie. Ich habe das Bier in ein nasses Handtuch gewickelt, so bleibt es viel länger kühl. Ich bedankte mich bei Kevin und lobte ihn für seine gute Idee, vor allem aber dass er alles für uns hier hinauf geschleppt hatte. Nach dem Überraschungsbier liefen wir wieder den gleichen Weg ganz entspannt zurück. Auch Silvia war nach dem Bier wieder guter Laune und meckerte nicht mehr viel, nur dass es so steil bergab geht. Ganz ohne Meckern geht es bei ihr einfach nicht !!!

Am Auto wieder angekommen, packten wir alles Gepäck in den Kofferraum und fuhren die Strecke über Ierapetra nach Bramiana zum Stausee ab. Um an den Stausee zu gelangen fährt man an vielen Gewächshäusern vorbei und hat ständig die Angst dass dies der falsche Weg ist. Aber hier nur mutig sein und immer weiter fahren. Kurze Zeit später steht man mit dem Auto direkt vor dem Stausee. Der See hat wunderschönes klares und blaues Wasser. Wir liefen über die Staumauer oder besser gesagt den Staudamm, um alles in Ruhe zu betrachten und die Flamingos zu suchen. Leider war weit und breit kein Flamingo an diesem Tag zu sehen. Das einzige was wir an Wasservögel sahen, war eine große fette bunte Ente, die sich von uns nicht stören ließ. Aber allein schon wegen dem schönen Wasser und der tollen Sicht um den Stausee hat sich für uns die Anreise gelohnt.

Wir fahren anschließend über Ierapetra und Agios Nikolaos bis Neapoli auf der Schnellstraße 90 wieder zurück.

Kurz danach bogen wir rechts über die kleine gelbe Straße Richtung Milatos ab. Noch oben in den Bergen mit Blick auf Milatos sehen wir in einer Kurve auf der linken Seite eine graue Felsscheibe mit der Aufschrift "Historie Cave of Milatos 1823". Rechts vorbei an dem einzigen Gebäude befindet sich der Weg zur Höhle und dessen kleine Kirche.

Wir parken unser kleines Auto und laufen genau diese Weg entlang, der uns auf der rechten Seite des Berges zur Höhle führt. Der Weg ist sehr uneben und besteht eigentlich nur aus unterschiedlich großen Steinen die im Erdreich liegen, teilweise fehlen oder lose im Weg verteilt sind. Man sollte hier genau darauf achten, wo man entlang läuft, um nicht zu stolpern. Das ist wiedermal so ein Weg für Silvia, aber glücklicherweise verläuft der Weg relativ gerade ohne große Höhenunterschiede. Der dreihundert Meter lange Weg wird seitlich durch ein einfaches Holzgeländer gesichert, teilweise stehen zusätzlich noch Baustahlmatten. Wir kommen an der Höhle an, wobei nicht wirklich klar ist, welches nun der richtige Eingang sein soll. Denn wir stehen vor drei Löchern im Fels und nur das ganz rechte ist der Eingang.

In der Höhle gibt es kein Licht und deshalb sollte unbedingt eine gute Taschenlampe mitgeführt werden, oder für einen kurzen Besuch mindestens das Handy mit Taschenlampen- funktion. Die Höhle ist nicht hoch und gerade für große Menschen gefährlich, da man sich hier leicht den Kopf anschlagen kann. Wenige, schlichte, einfache und alte Stalaktiten und Stalagmiten sind zu sehen, die größtenteils schon zusammen gewachsen sind. Nach links unten führt die Höhle tief in den Berg hinein und es muss teilweise stark gebückt gelaufen werden. Wenn man den Dreck auf dem Boden nicht scheut, ist es sicherer sich manchmal auf allen Vieren zu bewegen. Die Höhle macht auf uns einen gruseligen Eindruck, vielleicht nur wegen der schlechten Beleuchtung.

In dieser Richtung kann man tagsüber etwas weiter unten auch Fledermäuse an den Decken und zwischen den Felsen hängen sehen. In der Dämmerung fliegen die Tiere hinaus und kommen erst zurück wenn sie satt sind, oder der Tag langsam anbricht. Wer mutig ist, kann hier einige Zeit in der Höhle Milatos verbringen.

Wenn man statt links sich gerade aus und leicht rechts hält kommt man in den Bereich, in dem sich die kleine Kirche in der Höhle befindet. Sie ist schneeweiß und sehr klein mit zwei Eingängen und ein paar Bildern an der Wand. Über dem Mauerwerk ist ein schlichtes Kreuz angebracht und rechts davon steht ein einfacher weißer gemauerter Altar mit zwei Öffnungen und einem Kreuz oben drauf. Wir sind alle ganz begeistert davon, weil der Kontrast von den Felsen zu der weißen Kirche unerwartet schön ist. Es sieht dadurch so aufgeräumt aus. Vor der Kirche ist ein größerer und gerader Platz, der sich bis ins Freie durch eine runde Fels-öffnung fortsetzt. Der Eintritt zur Höhle u. Kirche ist frei.

In der Höhle von Milatos stammen die ältesten Funde aus der Jungsteinzeit. Bekannt wurde die Höhle aber wegen ihrer Belagerung durch ägyptische und türkische Truppen während der Griechischen Revolution. Im Jahre achtzehnhundert-einundzwanzig bildete sich Widerstand auf Kreta gegen das Osmanische Reich. Ein Jahr später landeten Truppen eines ägyptischen- und türkischen Heeres unter der Führung von Hassan Pascha auf der Insel Kreta, um den Aufstand nieder-zuschlagen. Im Frühjahr achtzehnhundertdreiundzwanzig lagerte das Heer bei Neapoli, deshalb suchten die griechischen Christen aus Neapoli und dessen Umgebung in der Höhle von Milatos Schutz. Die Flüchtlinge bestanden aus rund dreihundert bewaffneten Männern und zwischen zwei-tausend bis dreitausendsechshundert Frauen und Kinder. Eine genaue und zuverlässige Angabe gibt es dazu nicht.

Der Anführer des Heeres ließ am dritten Februar achtzehnhundertdreiundzwanzig das Tal, in dem sich die Höhle befindet, abriegeln, sodass niemand fliehen konnte, zudem ließ er den Höhleneingang mit Artillerie vom gegenüberliegenden Hügel beschießen. Dreihundert Sfakioten unter der Führung von Rousos Vourdoumbas und einer großen Anzahl mit Kämpfern aus Lappa unter Georgios Souderos kamen den Menschen in der Höhle zur Hilfe und konnten zunächst den Feind vertreiben. Sie erbeuteten Rinder und Schafe und zogen wieder ab. Danach führten die ägyptischen- und türkischen Truppen die Belagerung fort. Am fünfzehnten Februar mussten die Flüchtlinge in der Höhle von Milatos doch aufgeben, weil sie sonst verhungern oder verdursten würden. Alle Männer aus der Höhle wurden, bis auf dreißig Kämpfer und achtzehn Priester, getötet. Danach wurden die Priester auf dem Scheiterhaufen verbrannt und die Kämpfer transportierte man als Gefangene nach Spinalonga, wo sie später hinrichtet wurden. Die älteren Frauen wurden brutal von der Kavallerie niedergetreten oder brachte sie anderweitig um. Die jungen Frauen und Kinder wurden gewinnbringend in die Sklaverei verkauft.

Die Inschrift über dem Eingang der Höhle erinnert an die furchtbaren Geschehnisse von achtzehnhundertdreiundzwanzig. Die Höhle hat eine maximale Tiefe von dreiundsiebzig Meter und misst dreiundsechzig Meter in der Breite und das bei einer Fläche von zweitausendeinhundert Quadratmeter. Die lichte Höhe in der Höhle von Milatos reicht von einem halben Meter bis maximal drei Meter. Erst neunzehnhundertfünfunddreißig wurde die kleine Kirche des Apostel Thomas aufgebaut. Neben der Kirche befindet sich ein kleiner Schrein mit den Knochen der damals getöteten Christen, die man hier fand.

Das war ein sehr dunkles Kapitel der Insel Kreta, was sich damals in dieser Höhle von Milatos zugetragen hat.

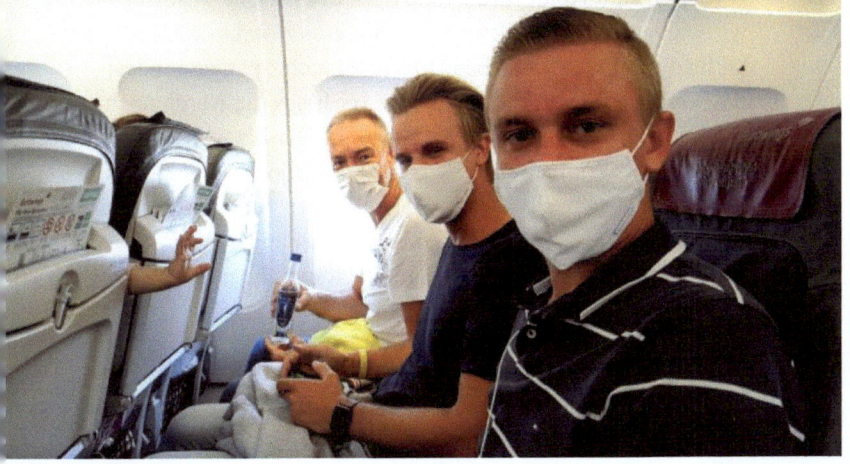

Nach dem Besuch der Höhle von Milatos machen wir uns auf den Weg zurück zum Auto und letztendlich wieder über die alte gelbe Nationalstraße parallel dem Meer nach Gouves. Wir fahren im Dunkeln zurück und die grausame Geschichte von der Höhle von Milatos liegt uns noch in den Knochen.

Auch dieser Tag war relativ anstrengend, aber dafür haben wir sehr viel mitgenommen und unseren Horizont erweitert. Die Bewegung an diesem Tag hielt sich eigentlich in Grenzen. Für gesunde Menschen ist dies mit Sicherheit keine Herausforderung, aber wenn man so angeschlagen und untrainiert ist wie Silvia, dann kann dies schon zur Last werden. Zumal es heiß und teilweise feucht war und dies noch zusätzlich den Kreislauf belastet. Aber oftmals ist es nur die Angst vor dem Neuen und die Ungewissheit was einen erwartet, die das Nervenkostüm auf so einer Tagestour belastet.

Wir brachten das Auto an den Verleih zurück und bedankten uns für das funktionale Auto und dessen gute Klimaanlage. Natürlich tankten wir zuvor den Wagen wieder so weit auf, wie er bei der Abholung auf der Tankuhr anzeigte. Die Chefin war diesmal zufrieden mit dem Zustand des Autos, denn die kleine Off-Road-Tour zum Wasserfall nach Milonas verschmutzte das Auto nicht all zu sehr. Wir liefen zufrieden zum Hotel zurück und nach der Dusche genossen wir wieder die vorzügliche Küche unseres Hotel mit All-inklusive. Auch heute Abend wurde es nicht spät, zumindest für Silvia und mich. Denn unsere zwei Jungs die waren noch fit und genossen das Nachtleben und die Bar bis weit nach Mitternacht. Weil am nächsten Tag konnte jeder ausschlafen und seinen Tag nach eigenen Vorstellungen einteilen. Was mich am nächsten Tag sehr freute, war das ungeplante gemeinsame Essen, so wie die guten Gespräche mit der Familie an der Poolbar.

Die letzten Tage genossen wir noch das schöne und warme Wetter und das gute Essen in unserem allinklusive Hotel am Meer in Gouves. Nur einmal gab es im gesamten Urlaub auf der schönen Insel Kreta für ein paar Stunden am Vormittag etwas Regen. Was für die ausgetrocknete Natur auch dringend nötig war.

Am letzten ganzen Tag zog ein wenig Wind auf und das Meer spülte an unseren Sandstrand richtig große und heftige Wellen an das Ufer. Die rote Fahne war am Strand gehisst, um den Gästen zu signalisieren, dass das Schwimmen im Meer heute verboten ist. Das Meer sah für Robin und mich aber so frisch und fantastisch aus, dass wir unbedingt hineingehen mussten. Es machte uns riesig Freude über-, unter-, oder durch die hohen und kräftigen Wellen uns zu bewegen. Das war Lebensfreude pur. Aber wir waren immer vorsichtig und sind nicht zu weit hinaus geschwommen und schon gar nicht ganz alleine. Denn die Gefahr darf man nicht unterschätzen und muss trotz aller Freude sehr vorsichtig sein, denn so manch einer bezahlte für seine Unvorsichtigkeit mit seinem Leben dafür.

Am letzten Tag ließen wir es nochmals so richtig krachen und schöpften bei allem aus dem Vollen. Ich war u.a. ganz begeistert von dem italienischen Eis, das es sowohl in dem Restaurant in Bechern und auch an den Bars mit Waffel gab. Da gönnte ich mir schon mal fünf Portionen Eis am Tag, was unter anderem dazu führte, dass ich fünfeinhalb Kilogramm mehr als zur Anreise auf der Waage hatte. So viel hatte ich im Urlaub noch nie zugenommen. Für das Zeitfenster sind bei mir ein bis zwei Kilogramm Zunahme üblich. Selbst auf meiner viermonatigen Weltreise habe ich nur knapp über drei Kilogramm zugenommen.

Nach über zwei wunderschönen Wochen auf Kreta hieß
es leider wieder Abschied zu nehmen und zum Flughafen
nach Heraklion zu fahren, um den Heimflug anzutreten.
Der Restaurantchef verabschiedete sich persönlich von uns,
ebenso stand unsere liebe Barfrau zum Abschied bereit.
Es freute uns ungemein, dass sich einige vom Hotel nochmals
persönlich von uns verabschiedeten. Wir hatten eine tolle Zeit
auf Kreta, auch wenn diese unter dem Stern von COVID-19
stand. Wir erlebten und sahen viel von der schönen Insel.

Unser Flug verlief sehr angenehm und ruhig, zumal ich eine
kleine Flasche Ouzo noch im Flughafen für uns besorgt hatte.
Wir waren sehr glücklich, als wir im Airport Stuttgart landeten
und in unserer schwäbischen Heimatgemeinde Illingen in
Württemberg, wieder gesund und munter angekommen sind.
Das ist nicht selbstverständlich und wir danken auch, dass wir
privilegiert sind uns die Welt anzuschauen und zu genießen.
Ebenso, dass die ganze Familie diesen schönen Urlaub auf der
Insel Kreta, der südlichsten Insel von Griechenland dabei war.
Und das alles unter dem negativen Hintergrund von COVID-19.

Auch zwei Wochen nach unserem Urlaub COVID-19 frei

Widmung

Dieses Buch entstand, weil es mir wichtig ist, die schöne Insel Kreta, mit seinen wunderschönen Landschaften, seiner Kultur und dessen Geschichte den Menschen etwas näher zu bringen, auch oder gerade wegen der schweren Zeit mit COVID-19.
In der Hoffnung und mit der Motivation, dass weitere Gäste sich Kreta anschauen und selbst die Schönheit erleben können.

Es wurde viel Freizeit gewidmet, die nötig war um dieses Buch zu erstellen, deshalb geht ein großes Dankeschön an meine kleine Familie und unseren Freunden.
Danke an meine liebe Frau Silvia und unsere Söhne, die diese wunderschöne Reise mit mir durchführten.

Ein herzliches und liebes Dankeschön an Yvonne, die mich durch ihre Wissbegierde und manche Anmerkung motiviert das Schreiben fortzuführen und zweckdienliche Hinweise einbringt.

Veröffentlichte Bücher von Wolfgang Pade

 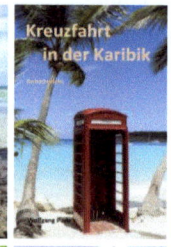   

  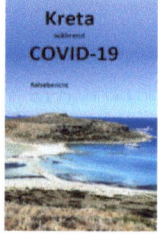